끝없는 사랑
경험하기

끝없는 사랑

경험하기

팻시 클레몬트 외 5인 지음
박　　가　　영 옮김

비전북출판사

✿ 예배와 삶의 일치

복음에는 하나님의 의가 나타나서

믿음으로 믿음에 이르게 하나니; 기록된바,

"오직 의인은 **믿음**으로 말미암아 살리라" 함과 같으니라.

로마서 1 : 17

비전북은 **줄과추** 와 **하늘사다리** 가 연합하여 설립한 출판사로서

이 땅에 하나님 나라의 확장을 위하여 존재하며

오직 믿음으로 주님 오실 그날까지 주님을 섬기며 꿈과 비전을 가지고

모든 삶의 영역 속에서 예배와 삶의 일치를 이루어 갈 것입니다.

끝없는 사랑 경험하기

1판 1쇄 인쇄 : 2002년 2월 15일
1판 1쇄 발행 : 2002년 2월 28일

저　자 : 팻시 클레몬트 외 5인
역　자 : 박가영
발행인 : 이원우　/　발행처 : **비전북출판사**
주　소 : (121-839) 서울시 마포구 서교동 388-1 대강 B/D 201호
전　화 : (02)3141-9090(대)　/　팩 스 : (02)3144-6620

E-mail : Vsbook@hanmail.net
등록번호 : 제10-1452호

공급인 : 박종태　/　공급처 : **비전북**
전　화 : (031)907-3927　/　팩 스 : (080)403-1004

Copyright ⓒ 2002 비전북출판사　Printed in Korea
값 6,000원

ISBN 89-87613-84-4　03230

Boundless Love

by Women of Faith

Patsy Clairmont, Barbara Johnson, Marilyn Meberg

Luci Swindoll,   Sheila Walsh,   Thelma Wells

차 례

Boundless Love / Fearless Love / Stubborn Love

두려움 없는 사랑

Boundless Love / Fearless Love / Stubborn Love

확고부동한 사랑

WOMEN OF FAITH

생활 속의 미신, 그리고 그 반증(反證)

~ 마릴린 미버그

남부 출신 소설가 플래너리 오코너는 언젠가 남부인들은 예수 그리스도 중심이라기보단 예수에 홀렸다고 표현하는 것이 더 어울리는 것 같다고 말했다. 그녀의 말에는 남부의 신앙 체계가 굳건한 믿음보다는 막연한 두려움으로 야기되는 미신의 유형에서 뻗어 나왔다는 뜻이 함축되어 있다.

미신이라는 단어가 "반대되는 증거가 있음에도 불구하고 지켜지는 믿음"이라고 정의되고 있으므로 딱히 누가 남부 출신인가 하는 것에 상관없이 우리들 가운데에도 예수 그리스도 중심의 범주보다는 종종 예수에 홀린 교인들의 범주에 들어가는 사람들이 많지 않나 궁금해진다.

솔직히 말하자면, 위의 마지막 줄을 쓰면서 나는 약간 화가 치밀었다. 하늘에 맹세코…, 나는 그저 예수에 홀린 게 아니란 말이야. 굳건한, 예수 그리스도 중심의 마음이 있다고! 갑자기 이런 생각이 머리를 스쳐 왠지 머뭇거리게 된다…. 나는 진정 예수 중심의 마음이 있다. 바로 하나님의 영이 내 안에 사시기 때문이다. 그러나 가끔씩 무의식적으로 나는 내 믿음에다가 미신적인 사고 방식을 붙이곤 한다.

예를 들어 기대하지도 않았던 100달러가 생겼다면 아마도 그 이유는 요즘 들어 성경을 더 열심히 읽었기 때문일 것이라거나, 혹은 건강 문제가 호전이 되지 않을 경우 십일조 드리기를 게을리 했기 때문일 것이며, 비가 오자 새로 장만한 콘도 창문에서 물이 줄줄 새는 이유는 처음 콘도를 살 때 주님의 인도를 구하는 기도를 충분히 못해서 그런 것이라는 등등….

이런 것은 믿음에 기반을 둔 생각들이 아니다. 미신인 것이다. 이것들은 마치, 만약 저 사다리를 피해 돌아간다면 내게 홀딱 반해 어쩔 줄 모르는 멋진 남자를 만나게 되겠지. 물론 사다리 아래로 지나게 되면…. 악, 오페라 극장의 유령이나 괴물을 만나게 될 거야! 하고 생각하는 것과 같다.

미신적인 생각을 하게 되면 기도 시간을 늘이고 성경 공부를 하고 십일조를 드리며, 그러니까 전체적으로 "선한 일"을 많이 한다면 나는 하나님께 사랑을 받게 되고 결과적으로 주위 환경도 나아질 것이라는 믿음을 가지게 된다. 그 반대로 모든 일이 꼬이기만 할 때는(건강이 나빠지고, 기대하지 않은 기분 좋은 돈도 없고, 창문은 비가 새며, 다락방에 그 괴인이 죽치고 살게 된다든가 하면), 내가 분명 뭔가 잘못하고 있기 때문이라는 생각을 하는 것이다. 그러면 나는 "되는" 처방전을 찾으려고 애쓰며 궁리한다.

"선한 일"이라는 것에 대해 이미 갖고 있는 선입견에 비추어 지금 현재 행하는 것들이 "되지" 않기 때문이다. 이런 식으로 생각할 때, 나는 하나님을 내가 필요로 할 때면 토끼 발(행운의 부적으로 지니는 토끼의 왼쪽 뒷다리 - 역자)을 램프처럼 문질러 불러낼 수 있는 행운의 부적 정도로 축소시키고 있는지도 모른다.

우리 스스로 처방전을 찾는 삶에 젖어 있음을 발견하게 되면 그때는 미신이라는 단어의 정의처럼 우리 모두 "반대되는 증거가 있음에도 불구하고 지켜지는 믿음"을 고수하고 있는 것이다 그러면 그 반대되는 증거란 무엇인가? 그 증거는 단순하면서도 심오하다.

"하나님께서는 당신을 사랑하신다." "하나님께서는 나를 사랑하신다"는 것이다.

하나님 사랑의 확실한 증거는 예수님께서 이 땅에 오셔서 아버지하나님을 전하시고 인류의 죄를 위하여 돌아가셨을 때에 육신인 우리앞에 드러나셨다. 그분의 끝없고, 두려움 없고, 확고부동하며, 아낌없으며, 경이로운 그리고 의도적인 사랑의 본질은 우리가 성경을 많이 읽는지, 십일조를 "충분히" 드리는지, 비 새는 창문이 있는 콘도를 사거나 사다리 아래로 지나가느냐의 여부에 달린 것이 아니다.

하나님의 근본 본체는 사랑이며, 우리는 그 사랑을 받는 존재들이다. 그 증거를 믿을 때 비로소 우리 삶을 기쁨과 목적을 가지고 살 수있는 "처방전"이 제공되는 것이다.

우리 여섯 명은 하나님의 사랑이라는 이 어마어마한 주제를 가지고넘치는 기쁨과 깊은 겸손과 영성으로 글을 써 나갔다. 여러분이 하나님의 이 놀라운 차원에 대한 여섯 명 각자의 개인적 견해와 경험들을읽어나갈 때에 사도 바울이 예전에 한 것처럼 다음과 같이 기도를 드려 본다.

"믿음으로 말미암아 그리스도께서 너희 마음에 계시게 하옵시고 너희가 사랑 가운데서 뿌리가 박히고 터가 굳어져서 능히 모든 성도와함께 지식에 넘치는 그리스도의 사랑을 알아" (엡 3 : 17-18)

BOUNDLESS LOVE

Love Letter

끝없는 사랑

상상해 보세요! - 팻시 클레몬트

나귀 호산나 - 실라 월쉬

겉모양 - 마릴린 미버그

어느 아름다운 친교 - 루시 스윈돌

"난 방랑자라고 불리죠" - 실라 월쉬

그리고 에디스가 함께 하더라 - 바바라 존슨

편지 왔습니다 - 팻시 클레몬트

"외모로 판단치 말지어다" - 루시 스윈돌

사랑을 위하여 - 셀마 윌스

WOMEN OF FAITH

Boundless Love

"**여**보, 어서… 물밑으로 얼굴을 들이밀어 봐. 이건 꼭 봐야 해!" 멕시코 코수멜 섬의 카브리해 해변, 남편 켄의 물안경 쓴 얼굴이 쑥 튀어나오며 환성을 질렀다.

나는 쭈빗쭈빗하며 스노클을 썼다. 그러나 물이란 걸 믿을 수가 없어서 완전히 잠수하는 건 제쳐두고라도 어쨌든 얼굴조차 별로 적시지 않기를 바랬다. 지금까지 스노클을 쓰고 재미있어 본 적이 거의 없었기 때문이지만, 남편이 저다지도 즐거워하는 게 뭔지 알고 싶었기에 결심을 하고 억지로 물에 얼굴을 잠가 두었다.

나는 열이 빠졌다! (어림잡아) 적어도 2억 마리는 될 듯한 화려한 빛깔의 고운 고기들이 이 방향 저 방향으로 정신 없이 활기차게 헤엄치고 있었다. 마치 벽도 바닥도 없이 끝없는 거대한 수족관 안에 떨어진 기분이었다. 남편 켄과 나는 물 밖으로 뛰쳐오르면서 서로에게 방금 본 장관에 대한 환희를 외쳐대고는 만화경처럼 아름다운 바다밑 세상으로 다시 잠수해 들어갔다. 얼굴을 적시기 싫다는 이유 때문에 그런 장관을 놓칠 뻔 했던 것이다.

하나님의 끝없는 사랑에 대해 읽기 시작하면서, 여러분은 그분의 사랑이 벽도 바닥도 없는 무한한 것임을 깨달으며 나처럼 열이 빠지고 말 것이다. 그야말로 끝없이, 영원히 계속되는 것이다! 자 이제 얼굴을 물 속에 담그고 시작하는 여러분을 격려해 드리고 싶다. 팻시, 바바라, 루시, 엠마, 실라, 그리고 내가 여러분 바로 옆에서 헤엄칠 것이다. "이건 꼭 봐야 해!" 라고 우리를 초대하시는 하나님의 광대한 사랑 속에 깊이 빠져 보지 않으시려는가!

사랑을 전하며

마릴린 미버그 *Marilyn*

상상해 보세요!

~팻시 클레몬트

이틀 전 나는 첫 손자가 태어날 것을 기다리며 병원 대기실에 앉아 있었다. 아니, 다시 말해 앉아 있었던 게 아니라 우왕좌왕 걷고 있었다. 초조하게 이리저리 왔다갔다하면서 조그만 울음소리나, 좋은 소식을 전해 줄 누군가의 발소리가 들리지 않나 주의 깊게 귀를 기울였다. 시간이 지나면서 나는 흥분과 탈진 상태를 번갈아 겪고 있었다. 다섯 시간, 일곱 시간, 아홉 시간, 그리고 마침내 저스틴 로버트 클레몬트가 태어났다! 아이는 3.5kg, 56Cm까지 자랐으며, 붉은 머리를 하고 있었다. 만세!

모든 것이 잘 끝났다는 말을 듣고 난 후, 우리 네 명의 조부모들은 아이에게 첫 눈길을 주게 될 순간을 위하여 숨을 죽이고 기다렸다. 미리 말하자면 그 순간부터 그 아이는 우리 넷의 마음을 송두리째 휘어잡았지만 말이다. 내가 하나님의 끝없는 사랑을 표현할 때면 늘 떠올리곤 하는 그림이 바로 그때였다. 수술실 문(며느리는 긴급 제왕절개 수술을 받았다)이 활짝 열리고, 나는 막내아들 제이슨이 첫아들을 안고 내게 다가오는 것을 보게 되었다.

내 아이가 자기 아이를 안고 있다니, 어쩌면!

한시라도 하나님의 사랑을 의심해 본 적이 있다면, 여러분이 깊이 사랑하는 한 아이를 잘 관찰해 보는 것으로 족하다. 아이를 보며 마음 속에 끓어오르는 사랑의 감정을 잘 붙들어 그것을 무한히 부풀려 보는 것이다. 그러면 느낌이 올 것이다 -그저 느낌이다- 하나님의 끝없는 사랑에 대한 느낌이!

나는 하나님의 사랑의 광대함을 상상해 보면서 그 치수를 재볼 수 있다면 어떨까 하고 생각하게 되었다. 주님께서 처음 우리를 만드실 때 상상의 능력을 집어넣어 주신 것은 바로 그런 이유에서일 것이다. 우리 자신의 미약한 경험과 사랑할 능력으로는 하나님의 사랑을 감히 측량할 수 없음을 그분은 알고 계셨고, 인간의 능력을 넘어서서 생각할 필요가 있음을 아셨기 때문에 -짠!- 상상력을 주신 것이다.

"상상력을 동원하여" 읽으면 좋은 성경 말씀들이 있는데 그 중 좋아하는 말씀이 바로 욥기 38장이다. 거기엔 인간의 한계를 넘어서는 생각들로 욥의 마음을 채워주시는 주님을 볼 수 있다. 주님의 장엄한 광대하심에 대해 욥의 이해를 도우시고자 하나님께서는 스스로 우주를 창조하실 때 욥이 어디 있었는가를 물으신다.

내가 땅의 기초를 놓을 때에 네가 어디 있었느냐…(욥 38 : 4)

이 절대적인 선포의 문구는 이렇게도 읽힐 수 있다. "네가 네 어머니의 눈에 비친 한 섬광에 지나지 않을 때에 나는 이 세상의 기초를 놓았다!"

이 세상의 기초를 놓는 것을 그려볼 수 있겠는가? 남편 레스와 나는 집 지을 터를 막 샀는데, 살 결심을 했을 때 그 터에는 집의 기초가 이미 다져지고 벽이 세워지고 있었다. 거기서 본 바, 커다란 굴착

기가 달린 트럭이 집 터 구멍을 파내고 레미콘 트럭이 구멍 안에 시멘트를 채워 넣고 벽돌 놓는 일꾼들이 벽을 세워 가는 것을 그려볼 수는 있지만, 도대체 이 세상의 기초를 놓는다는 것은 쉬이 상상이 되질 않는다. 거의 서반구(The Western Hemisphere) 정도가 되는 크기의 시멘트 혼합기가 필요하지 않았을까!

…네가 어디 있었느냐… 그 때에 새벽 별들이 함께 노래하며 하나님의 아들들이 다 기쁘게 소리하였었느니라(욥 38 : 4, 7)

여러분은 새벽별들이 노래하는 모습을 상상해 볼 수 있는가? 나는 음악이라면 종류를 가리지 않고 즐겨 듣는 편이다. 셀린 디온, 마이클 볼튼, 안드레아 보첼리, 맨디 패틴킨, 마틴스… 음악이란 모두 감동적이다. 음, 여러분은 맨디 패틴킨이 "Over the Rainbow"를 부르는 것을 들어본 적이 있는가? 얼마나 섬세한지. 그걸 들을 때면 꼭 눈물을 쏟곤 한다.

셀린 디온과 루치아노 파바로티가 "I Hate You Then I Love You"를 부르는 것을 들어보았는가? 오, 어쩌면! 하지만 확신하건대, 위에 말한 그 모든 재능꾼들을 한 무대에 세워 공연하게 되더라도 그들은 새벽별들의 콘서트에 촛불조차 들고 있기 힘들 것이 분명하다. 물론 나도 욥처럼 그 자리에 있지 않았으니 상상해 볼 수밖에.

네가 나던 날부터 아침을 명하였었느냐 새벽으로 그 처소를 알게 하여(욥 38 : 12)

나는 아이들이 어렸을 때 자주 명령을 하곤 했고(이제는 그 아이들

이 내게 명령을 하지만), 남편 말에 따르면 자기에게도 자주 명령을
했었다고 한다. 그러나 고백컨대 아침이나 새벽에 대고 명령을 한다
는 것은 도저히 상상조차 되지 않는다. 때때로 하루쯤 쉬고 싶기도
하고 그랬을 텐데, 어쩌랴, 난 그런 천상의 영향력을 가지고 있지 않
아서 말이다.

그러나 우리 장엄하신 하나님께서는 시작과 끝 그리고 그 이후를
아신다. 그분은 별들을 이름으로 부르시며, 모든 날수를 계획하시고
기록하신다 - 나의 첫 손자가 태어난 날까지 합하여. 상상해 보라!

여러분, 그것이 바로 끝이 없는 - 그분의 끝없는 사랑이다.

"사랑은 여기 있으니
우리가 하나님을 사랑한 것이 아니요
오직 하나님이 우리를 사랑하사 우리 죄를 위하여
화목제로 그 아들을 보내셨음이니라"(요일 4 : 10)

상상해 보세요!

WOMEN OF FAITH

나귀 호산나

~ 실라 월수

단 선생님은 나의 영웅이다. 일주일에 두 번 그녀는 장로교회 부설 아카데미의 유치부에서 쉴새없이 돌아다니는 세살배기 아이들을 돌본다. 아들과 내가 아침 9시 10분쯤 그곳에 도착하면 그녀는 미소를 지으며 반긴다.

하나님께서 임재하신다는 것의 시각적 증거라도 본 마냥 그녀는 끝나는 시간인 오후 2시 15분에도 역시 미소를 짓고 있다. 나의 아들 크리스찬은 그녀를 매우 좋아한다.

잠자기 전 그녀를 위해 기도할 때 그 애는 얼마나 진지하고 감상적이 되는지!

내 아들의 첫 선생님이 그처럼 멋지다니 하나님으로부터 온 놀라운 선물이 아닐 수 없다.

크리스찬이 아카데미에서 돌아오면 나는 언제나 점심을 다 먹었는지 확인을 하는데, 보통 그 애는 내용물 위치를 바꾸어 놓을 뿐 그냥 가져오기 일쑤이다.

그러면 나는 아이에 대해 쓴 "오늘 있었던 일"에 대한 쪽지를 읽는다. 그건 거의 변화가 없다.

크리스챤은 오늘 재미난 하루를 보냈어요. 모든 활동에 다 참가했고 말도 잘 했어요(아빠처럼). 많이 먹지 않았고 낮잠도 안 잤어요. 그렇지만 그는 착한 소년답게 조용히 누워서 가끔씩 토끼 인형 위티에게 속삭였죠.

내 책상 위는 크리스챤이 학교에서 만들어 온 것들로 꽉 차 있다. 그레이엄 크래커 포장으로 만든 구유, 자기 손바닥 모양을 찍은 분홍색 종이를 꽃잎처럼 접어서 만든 튤립, 십자가 모양을 한 보석 상자 등등… 그 애는 이것을 내게 내밀며 꽤 근엄한 목소리로 이렇게 말했었다.

"예수님께서 돌아가신 건 엄마의 죄를 위해서이고, 그리고 이 상자는 엄마의 반지를 위한 거예요."

그래서 나는 부활절 주간 동안 단 선생님이 그 귀여운 아이들과 부활절 토끼 이상의 것을 나누실 것을 알고 있었다.

내 아들 크리스챤도 전형적인 사내아이인 만큼, 방과 후에 그날 있었던 모든 일을 엄마에게 이야기하려 들지는 않는다. 그래도 난 어쨌든 시도를 해 본다.

"학교 재미있었니?"

"네."

"뭘 배웠는지 말해 보련?"

"아무것도."

"노래 불렀니?"

"아뇨."

"그럼 밖에서 놀았니?"

"아뇨."

"그러니까, 다섯 시간동안 그저 앉아서 아무것도 안 했단 말이니?"

"… 지금 뭐라 그러셨어요, 엄마?"

크리스챤이 "비밀을 쏟아 놓을" 수 있게 하는 데는 같이 자전거 타러 가는 게 최고라는 것을 나는 이미 습득하고 있었다.

그래서 매일 저녁 아이와 나는 산에 올라 언덕을 향해 달렸다. 함께 흙을 차며 달리면서 내가 얻은 멋진 것을 여러분은 상상도 못 할 것이다.

성금요일 전날 저녁, 같이 자전거를 차고로 밀어 넣는 동안 아이가 입을 열었다. "있잖아요, 엄마, 저 오늘 예수님 역을 했는데 나귀를 타고 예루살렘으로 들어가는 거였어요. 트리스탄과 재커리가 나뭇가지를 흔들면서 환호를 했고. 정말 멋졌어요."

"네가 예수님 역을 했다고?" 나는 단 선생님의 캐스팅 안목에 고개를 갸웃하며 물었다.

"그럼요! 참, 아빠와 할아버지 앞에서 다시 해 볼까요?" 앙코르 공연을 한다는 생각에 기쁨이 들뜬 아이가 물었다.

우리는 집으로 들어가서 곧 연극이 시작된다고 발표했다. 평소 때도 "메리 포핀스" 또는 "오즈의 마법사"같은 작품의 한 장면들을 가지고 그런 무대를 마련하곤 했기에 우리 집안에선 그리 희귀한 일이 아니었다.

그런데 이번 것은 최초로 성경의 대서사시에서 딴 것이다. 아이와 나는 부엌문 뒤에 숨었다. 부엌에서는 남편 배리와 아이 할아버지인 윌리엄이 잔뜩(?) 기대를 품고 기다리고 있었다.

"됐다." 아이가 말했다. "내가 예수님을 할 테니까 엄마가 호산나를 하세요."

"뭐라고?" 난 어리둥절했다. "호산나가 누구니?"

"누구긴, 나귀 말이에요!" 아이는 내가 마치 갑자기 바보라도 됐나

미심쩍다는 듯이 바라보며 대답했다.

"왜 나귀 이름이 호산나라고 생각을 했니?"

"엄마는 참. 내가 예수님이잖아요, 그렇죠?"

"그래서?"

"내가 들어가면 모두가 '호산나!' 라고 외치잖아요? 나는 아니니까 그건 엄마가 맡은 나귀일 거라고요."

나는 "호산나!"가 예수님을 향한 찬양과 경외의 외침이라는 것을 설명하기 위해 애썼다. 아이는 주의 깊게 듣고 있더니 크게 말했다.

"알았어요, 호산나. 이제 들어가자고요."

복음서에 나오는 그 기쁜 장면을 재연하면서, 나는 "호산나 찬송하리로다 주의 이름으로 오시는 이여" 라고 열광적으로 소리치던 그 수많은 사람들이 겨우 며칠 후에 "십자가에 못박게 하소서" 라고 소리친 자들인 것을 생각하며 무서운 생각이 들었다.

그리고 그 변덕스런 무리가 예수님을 십자가에 매단 후 이천 년이 흐른 지금, 우리 인간들은 얼마나 변해 왔는가도 생각해 본다. 여러분도 나와 같다면, 마음 속에 종종 두 사람이 사는 것 같으리라.

어떤 날은 온갖 행동으로 하나님 찬양을 외치며 사는가 하면, 다른 날은 완전히 그리스도를 십자가에 못박듯이 행동하지 않는가.

그리스도 안에 표현된 가장 놀라운 하나님의 사랑은 이런 모든 것들이 하나님 당신께는 그리 놀라운 일이 아니라는 사실이다. 그분은 하나뿐인 아들을 이 모질고 잔인한 세상으로 보내셨다.

이 세상이 그를 처음에는 환영했다가 곧 침을 뱉고 죽일 것을 알면서도 그렇게 하셨다. 그렇게 하실 수 있었던 이유는 바로 그분의 사랑은 한계라는 것이 없기 때문이다.

하나님의 사랑은 인간의 변덕스런 감정과 헌신의 파고(波高)에 의해 훼손되는 그런 게 아니다.

이 책에서 내가 쓸 분량을 통해 오직 한 가지 말만 할 수 있다고 한다면, 그건 바로 다음과 같은 단순하고도 명확한 한 문장이 되리라 — 하나님께서는 당신의 모든 것을 아신다. 그분은 당신의 좋고 나쁜 경험들을 모두 알고 계신다.

또한 고상한 생각과 수치스런 생각도 모두 아신다. 그분은 당신의 헌신과 무관심도 모두 보신다. 그리고 그분은 당신을 사랑하신다 — 전적으로, 완전히, 열정적으로, 끝없이, 영원히.

오 그 열정, 오 그 경이로움.
그리스도의 그 불타는 사랑.
제단 위의 영광의 왕. 온전한 희생의 어린양.
우리가 누구이기에 우리를 사랑하시나?
　우리가 무엇이기에 위해 목숨을 주셨나?
오 그 열정, 오 그 경이로움.
그리스도의 그 불타는 사랑.
오 그 지혜, 오 그 경이로움.
십자가의 그 능력.
너무나 흔찮은 사랑, 무엇에도 비교할 수 없네.
　생명이신 그분께서 우리를 위해 죽으셨네.
우리가 누구이기에 우리를 구원하셨나?
　생명을 주시려고 십자가에 달리셨네.
오 그 지혜, 오 그 경이로움.
십자가의 그 능력.

ㅡ 실라 왈쉬

당신은 사랑 받기 위해 태어난 사람입니다!

당신은 하나님에 의해 열정적으로,

무조건적으로 사랑 받는 사람입니다!

그분은 독생자를 우리를 위해 주셨으므로

당신은 그분의 영원한 품 안에서 안전하게 쉴 수 있습니다.

WOMEN OF FAITH

겉모양

~마릴린 미버그

"그 여자가 어쨌다고요?"

"가슴 속에 집어넣은 실리콘이 터졌다지 뭐예요."

"어머나, 그래서?"

"끄집어냈죠."

"뭐 가슴이 납작해졌겠네요. 또 뭐가 문제예요?"

"몸에 이상 증후가 생겼대요. 의사가 처음에는 면역 체계 장애라고 말해서 요양을 하긴 했는데 그 원인은 몰랐대요."

"그게 실리콘 주입하고 무슨 상관인데요?"

"실리콘이 독성이 있는 게 분명하다는 걸 나중에 알게 됐다는 거예요."

"나도 읽어 봤는데 안 그렇다던데."

"그녀도 같은 걸 읽었는걸요."

"그래서 지금은 어떻게 됐어요?"

"점점 좋아지고 있어요. 회복이 느리긴 하지만 좋아지고 있대요."

내 얘기를 대상으로 한 이 짧은 대화는 내가 뭔가 "잘못" 되었다는 것을 알고는 있지만 무엇이 잘못되었는가는 모르는 여러 부류의 사람들 사이에 다양하게 벌어진 수군거림들 중 하나이다. 얼마 동안은 나 자신 조차도 몰랐다. 사람을 기절시켜 혼수 상태에 빠지게 만드는 가장 확실한 방법이 아주 상세한 건강 보고서를 던져 주는 것이라 했던 가. 그래서 지금 보여 드리진 못하겠다.

그러나 나는 이 책에서 내가 쓰는 거의 모든 이야기들은 하나님께서 그 일을 통해 내게 주시는 가르침에서 나왔기 때문에 그 개인적인 경험을 나누고 싶은 것이다. 하지만 아주 영적인 수준의 이야기를 나누기 전에, 나는 사적 보호막을 과감히 거두고 이것이 도대체 어떻게 해서 일어난 일인가를 아주 처음부터 이야기하겠다.

28년 전, 이웃에 사는 메리가 거리를 가로질러 달려와서는 내게 자기가 일하고 있는 병원의 성형외과 의사에게서 멋진 실리콘 삽입 가슴 성형수술을 받을 수 있는 계약을 했다고 말했다.

"하지만" 좀 이상했다. "그 의사는 코 전문의 아니에요? 가슴이 아니라 코라고요."

"수술 영역을 확장시키고 싶으신가 보죠. 하여튼 그분은 훈련을 받으셨고, 증서도 있고, 위원회에서도 승인했고… 그리고 난 아침에 잠이 깰 때마다 몸매가 망가지는 느낌이 들어요!"

나 자신도 그 문제에 있어선 그리 자신이 없었기에 문득 부러운 생각이 들었다.

"그런데 계약이라뇨, 메리? 그게 무슨 뜻이죠?"

"아, 선생님이 경험이 필요하다고 하셔서 그분 돈으로 수술을 받는 거예요. 내 친구들도 관심이 있다면 똑같은 조건으로 해 주실 수 있으시다던데."

그날 밤 나는 이 문제를 남편 켄에게 얘기했다. 남편은 "경험이 필요해서 그러니 공짜로 해 주겠어요!"라는 정신 상태를 못마땅해 했다. 나는 켄에게 코와 가슴은 모양도 비슷하니까… 하여간 그렇게 영역을 넓히는 게 불가능해 뵈지는 않는다고 말했다. 그는 망설였다.

나 역시 남자아이처럼 통나무 같은 몸 대신 볼륨 있는 여성스런 몸매를 갖고 싶은 맘을 없앨 수가 없었기에 켄은 메리의 의사를 조사해서 그가 나무랄 데 없는 신용도가 있으며, 다른 의사들처럼 훌륭한 평판을 얻고 있음을 알게 되었다. 남편의 마지못한 허락과 함께 나는 코 전문의로부터 유방 확대 수술을 받게 되었다.

결과는 그럴 수 없이 대만족이었다. 심지어 켄마저 열광했다(하지만 각 유방 아래쪽에 조그맣게 돌출한 콧구멍 모양은 아무래도 좀 맘에 들지 않았다). 그러나 사실은 그것들로 인한 문제는 전혀 없었다. 그와 비교하면, 내 친구 한 명은 유방 확대 수술 전문가에게 네 번이나 수술을 받고도 부작용 때문에 두 번을 더 시술해야 했다.

첫 번째는 한쪽 유방은 약간 위쪽으로, 한 쪽은 아래로 처졌다. 두 번째는 두 쪽 다 아래를 향했다. 난 그 친구에게 코 전문의를 소개받는 게 어떠냐고 말하기도 했었다.

7개월 전, 나는 결국 산부인과 의사의 끈질긴 잔소리에 굴복하여 유방의 엑스레이 사진을 찍었다(거의 20년 간을 검사 받지 않았었는데… 나는 그런 게슈타포 같은 급작스런 조사가 좀 걱정이 되었다). 두려움은 현실이 되고 말았다. 의사는 소노그래프(음파 홀로그래피에 의한 3차원 상 - 역자)를 보여 주었는데, 이식한 양쪽이 모두 터져서 내 가슴 내부에 실리콘들이 맘대로 떠다니고 있었다! 의사는 치료를 위해서 "최대한 빨리" 외과 의사에게 보이라고 충고했다.

내가 달성하려던 목표는 단순히 수술을 받고 예전의 몸매로 돌아가는 것이 아니었던가. 이를 생각하며, 내 몸 전체에 실리콘이 떠다니는 것을 알고 나니 나는 할 말을 잃었다. 양쪽 팔 아래 있는 림프 교점에 가장 많이 모여 있었다. 실리콘 삽입 수술을 받고도 아무런 독성 증후군이 없이 사는 많은 여인네들이 있는데… 떠다니고 있는 독성 덩어리들에서 회복되는 과정은 삽입물을 제거한 뒤에도 아주 느리게 진행되었으며, 가끔은 아주 사람을 녹초가 되게 만드는 경험이었다.

이 글을 쓰는 이유는 실리콘에서 살아남은 생존자의 무용담을 적기 위한 것이 아니다. 실리콘이란 것이 정말 독성이 있는지 없는지 잘은 몰라도 그건 분명히 의학적 논쟁의 주제이며 연구 못지 않게 심각한 문제 제기가 되고 있는 상황이다. 나는 이 책 안에서 내가 쓰는 다른 얘기들의 뒷배경을 제공해 주고자 이것을 썼다. 그러나 더욱 중요한 것은 우리 삶의 비참함 한가운데 거하시는 하나님의 끝없는 사랑의 실체를 더욱 역설하고 싶어서이다.

만약 현재 내가 처한 상황에 대하여 하나님께서 이렇게 대답해 주셨다 해도 나로선 정말 어쩔 수 없었을 것이다. "글쎄다, 마릴린. 결국 그렇게 건강이 악화된 것도 다 네가 자초한 것이 아니냐. 삼십 년 전 내렸던 경솔한 결정, 네 허영의 결과를 겪고 있는 거란다. 남자처럼 멋없게 보이고 싶지 않다는 것처럼 허울뿐인 허상에 대해 세속적이고 자아 도취적으로 몰두하다 보니 그 결과가 온 거고 그것과 싸우고 있지 않니. 쯧쯧."

나 스스로에게 전달했던 이 메시지는 한때는 정말로 하나님의 말씀처럼 들렸다. 그러나 곧 분명한 대조의 말씀이 끊임없이 다가왔다. 하나님의 판단치 않으시는 사랑과 도움이 담긴 격려와 위안을 받았던 것이다.

여호와여 나의 발이 미끄러진다 말할 때에 주의 인자하심이 나를 붙드셨사오며(시 94 : 18)

실족하기 쉬운 인간으로 내가 그 동안 저지른 일들로 봐서는 그분이 매일 내려주시는 생명의 말씀을 도저히 받을 자격이 없었다. 그분은 이렇게까지 말씀하셨다.

여호와께서 사람의 걸음을 정하시고 그 길을 기뻐하시나니 저는 넘어지나 아주 엎드러지지 아니함은 여호와께서 손으로 붙드심이로다(시 37 : 23-24)

내게 정말로 놀랍게 다가오는 것은 하나님께서 결코 "마릴린, 네가 넘어지지 않고 잘 견디며 사는 한은 내가 붙들어 주고 도와주마"라고 말씀하시는 게 아니라는 사실이다. 그게 아니라 그분은 내 삶의 모든 작은 일들을 기뻐하신다는 것이다. 그 작은 일들이 항상 기쁜 일이어서가 아니라 그분이 바로 내가 얼마나 어리석고 잘못 인도된 걸음으로 행하든 간에 그 모든 삶의 이벤트를 통해 내 손을 잡고 동행해 주시는 하나님이시라는 사실 때문이다.

사실 하나님께선 그 모든 경험들을 그분과 나의 관계를 더욱 깊고 강하게 만드는 데 쓰신다. 그분이 왜 내 세상에서 일어나는 일들에 관해 그렇게 깊이 돌보아 주시는 지는 성경을 보면 잘 알 수 있다.

그러나 여호와께서 기다리시나니 이는 너희에게 은혜를 베풀려 하심이요 일어나시리니 이는 너희를 긍휼히 여기려 하심이라 대저 여호와는 공의의 하나님이심이라 무릇 그를 기다리는 자는 복이 있도다(사 30 : 18)

우리 각자가 그렇게도 인정 많고 신실하신 하나님을 의지할 수 있다는 것은 얼마나 놀라운 축복인가! 모든 일을 망쳐버렸다고 좌절감을 느낄 때(그게 실수였다 할지라도), 우리를 영원히 기다리시는 주님께서 우리의 그 엉망진창 된 모습을 지워주실 뿐만 아니라 구원을 기다리는 우리에게 그분의 끝없는 사랑으로 채워 주실 것임을 확신할 수 있다.

나로서는 내게 나타났던 많은 괴로운 증후들이 점차 나아지고 있음을 하나님께 감사 드린다. 내 체력과 전반적인 건강이 점점 회복되고 있다. 앞으로 무슨 일이 펼쳐지든지 간에, 내 몸뚱이 중 어디가 또 잘못되든지 간에, 날 향하신 하나님의 사랑은 결코 흔들리지 않을 것임을 나는 알고 있다.

납작하든 "풍만하든" -
당신은 사랑 받고 있습니다!

어느 아름다운 친교

~ 루시 스윈돌

한 벨기에 시인이 쓰기를 만약 세상이 둥글다면, 그건 사랑과 우정과 평화가 돌고 돌게 하려고 그렇게 만들어진 것이라고 했다. 난 그 생각이 좋다. 그리고 그 생각이 진리라는 것을 알게 될 만큼 충분히 여행도 해 보았다. 우리가 사랑을 베풀 때 그건 반드시 돌아온다. 우리가 친근하게 대하면 타인도 친근해진다. 평화가 가득하면, 그 평화 자체로 평화를 재생산한다. 물론 이것이 일반적인 생각들인 것은 알고 있지만 나로선 그냥 일반적으로 넘기기엔 너무나 놀라운 경험을 많이 했다. 주는 것은 되돌아온다는 것이다.

작년 2월 "믿음의여성협회" 산하의 형제 자매들 몇 명이 서아프리카에 갈 기회를 잡을 수 있었다. 6일 동안 "믿음의여성협회" 회장인 메리 그레이엄과 간부인 스티븐 오터본, 셀마, 셀마의 딸 비키, 그리고 나는 월드비전(1950년에 미국에서 한국전쟁 중 발생한 고아와 과부들을 돕기 위해 설립된 구호 단체 - 편집자) 사람들과 함께 가나를 여행했다. 월드비전은 가난의 원인을 뿌리부터 캐내어 치유하고자 하는 구호 기관으로 후원자들로부터 돈을 모금하여 위생적인 식수 제공, 농업 원조, 의약품 전달, 교육 분야 도움, 영적인 지원 등 그곳 가족들이 자립할 수 있도록 돕는 데 필요한 여러 가지 일을 함으로써 삶을 바꾸는 역사를 이루는 기관이다. 믿음의여성협회는 그 목적을 지지하고 사람들을 격려하기 위해 기금을 전달하는 많은 조직들 중의 하나이다. 우리는 가족 부양 프로젝트(Family Support Project)의 개막식에 참석차 가나에 간 것이었다.

그것은 지금까지 전통적으로 해 왔던 아이들에 대한 개별적인 부양 대신에 가족 단위로 부양을 하는 프로젝트다. 우리는 오지 마을에 사는 "우리" 가족들을 만나게 되어 있었다. 이것은 지구 반대편 사람들에게 사랑과 우정, 평화를 전해 주고 또 거기 사는 사람들에게서 그걸 돌려 받을 수 있는 아주 흥미롭고도 멋진 기회였다.

식사를 하려고 모인 어느 날 아침, 비키 웰스가 사도행전 4장 32절을 읽어 주었다. "믿는 무리가 한마음과 한뜻이 되어 모든 물건을 서로 통용하고 제 재물을 조금이라도 제 것이라 하는 이가 하나도 없더라"

비키는 말하기를 그 원에 함께 서 있는 모두가 그리스도 안에서 똑같았다고 했다. 아무런 차이점이나 장벽이 없었다. 인종이나 피부색, 지위, 배경, 소유 때문에 분열되는 일 따위란 없었다. 난 그 사실을 정말 사랑한다. 정말로 멋진 교제의 순간이었다. 교제란 아름다운 단어이다. 이런 훈훈한 마음과 생각들을 품고 상호 나누는 경험을 누가 마다하겠는가?

그런 다음 비키는 오래된 찬송가의 첫 번째 구절을 노래하며 자기 생각을 마무리지었다. 우리는 그 노래를 각자 모국어로 불렀다.

> 그리스도 안에서는 동과 서가 없네
> 그분 안에서는 남도 북도 없네

이 넓은 세계 전체에 다 미치는
위대한 사랑의 교제만 있을 뿐

그 순간 난 이런 생각을 했었던 것 같다. 난 지금 지구 반대편에서 날아와 이렇게 있지만 마치 집에 있는 것처럼 편하다. 너무나 평화롭다. 왜 이런 걸까? 이건 무엇 때문인가? 그것이 영적인 동료애와 같은 구세주를 향한 열정의 공유라는 것을 깨닫는 데는 그리 오랜 시간이 걸리지 않았다. 우리 각자는 외면적으로는 너무나도 달랐으나 내면에서는 똑같았던 것이다.

그리스도 안에서는 동, 서, 남, 북이 없었다. 그분은 모든 인간을 똑같은 중력으로 잡아당기셨고, 나는 가나에 머무는 동안 내내 그 사실을 송축했다. 우리 사이의 차이점은 전혀 문제가 되지 않았다.

흥미로운 여담 하나… 내가 아프리카에 있으면서 그곳 사람들과 그리스도의 사랑을 나누고 있을 때, 내 형제인 오르빌과 찰스도 남아메리카와 아시아 두 대륙에서 똑같은 일을 하고 있었다. 북아메리카에 사는 삼 남매가 동시에 지구 반대편에서 사랑과 평화와 우정을 체험하고 있었던 것이다. 그걸 알게 되었을 때 나는 얼마나 전율했는지 모른다. 우리가 어렸을 때 어머니께서는 항상 마태복음 28장 19-20절을 새겨 주셨기 때문이다. "그러므로 너희는 가서 모든 족속으로 제자를 삼아 아버지와 아들과 성령의 이름으로 세례를 주고 내가 너희에게 분부한 모든 것을 가르쳐 지키게 하라 볼지어다 내가 세상 끝날까지 너희와 항상 함께 있으리라 하시니라"

이제 수십 년이 지난 지금, 우리 삼 남매는 어머니가 예수 안에서 우리에게 품으신 가장 위대한 소망을 살아내고 있는 것이었다. 엄마, 절 보고 계시나요? 그리고 우리 셋이 수 천 킬로미터를 떨어져 있었지만 예수님께서는 우리 각자와 함께 하고 계셨다.

전능자 하나님과 함께 가진 관계 중 가장 아름다웠던 부분은 다른 사람들에게 우리가 배운 것을 말해 주고 그로 인하여 그들도 하나님과의 하나됨을 즐기게 된다는 사실이었다. 그들은 독생자 예수님을 친밀히 영접함으로써 하나님의 사랑을 알 수 있었다. 증인이 된다는 것은 속임수 같은 것이 아니다. 매일의 삶을 보여 주는 것, 우리를 위해 하나님께서 하신 일을 알리는 것, 지금까지 그분이 우리를 어떻게 만나 오셨는지, 우리가 전도하고 있는 사람에게도 그 놀라운 일을 어떻게 행하시는지 알려 주는 것, 그것이다.

테레사 수녀는 이렇게 말했다. "하나님께서 당신을 어디에 갖다 놓으시든, 그곳은 당신이 일할 곳이다. 거기선 얼마나 일하느냐가 중요한 게 아니라 얼마나 사랑을 부어 넣을 수 있는가가 중요하다." 생각건대 그녀는 그걸 정말 알고 있었던 것 같다.

모든 사람이 복음을 전하기 위해 외국으로 뛰쳐나간다는 건 불가능하다. 예수님께서 내리신 "지상 명령"의 골자는 그것이 아니다. 중요한 것은 "가라"이다. 어디로든지 누구라도 좋으니 가서, 독생자 예수님께서 십자가에서 행하신 구속하심을 말하고 그것을 통해 하나님께서 주시는 사랑에 대해 말하는 것이다.

우리는 예수님께서 주신 명령을 수행하기 위해 돈이나 여권, 예방 접종, 비행기표 같은 건 필요 없다. 예수님의 이름을 들어본 적이 없는 이들에게 예수 그리스도의 복음을 분명히 전달하기 위해 꼭 다른 언어를 통달해야 할 필요는 없다. 우리에게 필요한 건 사랑의 마음이다. 그것이 있어야 모든 것의 시작인, 손을 내밀 수 있는 것이다.

우정과 사랑과 평화를 나누라고 격려하는 이는 비단 그 벨기에 시인 뿐만은 아니다. 구원자이신 예수님께서 직접 그렇게 하라고 하셨다. 우리는 사람들에게 예수님을 알리고, 그분의 사랑과 보호 아래서 사는 법을 훈련시키며, 그분의 가르침을 교육시킬 사명을 가지고 있는 것이다. 우리가 이렇게 할 때, 예수님께서는 세상 끝날 까지 함께 하리라고 약속하셨다. 그런 강력한 임무와 그런 개인적인 약속만큼이나 사랑스럽고 충만한 것이 또 있을까?

　이 책을 읽고 있는 당신이 지금 어디 있는지 나는 알 도리가 없다. 그러나 당신이 이 세상 어느 곳에 있든지간에 당신은 만유의 주님께 사랑 받는 자임을 꼭 알기 바란다. 그분은 우정과 평화를 주기 원하시며 가진 모든 것을 당신과 나누기 원하신다! 그분의 친밀함은 이웃 집에 미치고, 거리에, 온 도시에, 대평원에, 오대양 육대주를 건너 전 세계에 미친다.

세계 지도를 들여다보고,
예수님께서 이 모든 나라의 모든 사람을 위해
죽으셨음을 상기하도록 하라.
당신을 포함해서. 나를 포함해서.
그것이 바로 역사상 가장 위대한 사랑이다.

"난 방랑자라고 불리죠"

~ 실라 왈수1

지난밤 릴리를 또 잃어버렸다. 이것으로 한 달에 네 번째다. 조립
식 옷장이나 다락방, 혹은 크리스챤의 침대 밑에 숨는다. 사실 우리
고양이 릴리는 방랑 기질이 매우 다분하다.

나는 그 고양이를 내쉬빌에 있는 동물애호협회의 작은 우리 안에서
발견했다. 그때는 주말이었는데 배리와 윌리엄, 크리스챤은 사우스캐
롤라이나의 찰스턴에 가 있었고, 나는 집에 남아 글을 쓰고 있었다.
나 혼자서는 절대 동물애호협회에 가지 않겠다고 남편과 나는 암묵적
동의를 한 상태였지만 그 계약이 그리 구속적으로 다가오진 않았다.
보통 땐 집없는 동물들의 본거지인 하딩 로드를 지나치려고 애쓰지
만, 혼자 지날 때는 그게 쉽지가 않다.

그 특별한 날, 나는 이렇게 생각했다. '그냥 들러서 고양이 몇 마리
좀 쓰다듬어 주고, 먹이와 보호 시설을 위한 기금을 좀 내고 와야지.'
하지만 일단 가고 나니 가만히 있을 수 없었다. 우리 속에서 왔다갔
다 하며 자유롭고 싶어하는 그 고양이들을 죽 둘러보았다. 귀를 긁어
주고 고양이 노래를 흥얼거려 주었다. 몇 마리는 철창 사이로 친근하
게 앞발을 내밀거나 막 돌아가는 엔진 소리같이 가르랑거렸다.

내가 유일하게 얼굴을 볼 수 없었던 고양이가 릴리였다. 릴리는 바구니 속에 몸을 웅크리고 들어앉아서 세상을 등지고 앉아 있었다. 정말 아름다운 고양이었다. 흰색과 황금색이 잘 조화된 긴 털 군데군데 검은 점이 찍혀 있었다. 나는 관리사에게 저 고양이를 꺼내서 안아봐도 되겠느냐고 물었다. 조금 위험할 거라는 말을 들었다. 날 물거나 새 스웨터에 털을 잔뜩 묻히면 어쩌나 하는 생각이 들었다. 그러나 릴리는 내 팔에 머리를 편히 얹고 잠들었다.

난 당연히 그 고양이를 집으로 데려왔다. 남자들이 돌아오기 전 고양이에게 집안 규칙을 가르치는 데 까지는 이틀이 남아 있었다. 정말 쉬웠다. 릴리는 세상에서 가장 멋진 고양이였다! 마치 애완견 같아서 내가 가는 곳 어디나 따라다녔다.

남자들이 돌아와 릴리를 맞고 나서, 배리는 하루 종일 불퉁하게 있었고 윌리엄은 기뻐했으며 크리스찬은 온 집안을 돌아다니며 소리질렀다. "동생이 생겼다! 여동생이 생겼어!"

릴리가 가진 단 한 가지 괴벽은 돌아다니기 좋아한다는 것이었다. 대부분 나는 고양이가 숨기 좋아하는 장소에서 찾아내곤 했는데, 어젯밤은 그렇지 못했다. 가족 모두가 잠자리에 들어 있었고 나는 늦게까지 일을 했다. 그래서 새벽 두 시쯤, 자러 들어가기 전에 잘 자라는 인사를 하려고 했는데 릴리가 없었다. 구석구석을 찾아보았다. 고양이가 잘 가는 곳이라면 전부 찾았는데도 몽땅 비어 있었다.

한 시간쯤 지난 후, 난 릴리가 정말 집에 없다는 걸 확인할 수 있었다. 난 손전등을 들고 잠옷을 입은 채 뒷마당을 향했다. 우리 집은 뒤편이 골프 코스와 닿아 있었기 때문에 아주 넓었다. 나는 계속 이름을 불렀다. "릴리! 릴리! 어딨니, 요 말썽쟁이?" 아침이 되기 전에 찾아야 된다는 걸 난 알고 있었다. 이웃이 거대한 독일견 도베르만 핀

셔 종을 기르고 있는데, 그 개 룰라에게 있어 릴리는 아침 간식용에 불과할 것이기 때문이었다.

삼십 분 정도 이름을 불렀을까, 나는 아주 조그마한 야옹 소리를 들었다. 나는 계속 부르면서 소리가 들리는 쪽으로 다가갔다. 릴리는 관목 뒤에 숨어 있었다. 집어들고 집으로 돌아왔다. 고양이는 안전해진 것에 대해, 안으로 들어가게 된 것에 대해, 친숙한 장소로 갈 수 있게 된 것에 대해 아주 고마워하듯 몸을 내 다리에 구멍이 나도록 비벼댔다.

침대에 누워 릴리에게 맛좋은 참치 통조림을 먹이며 곰곰이 생각해 보았다. 하나님께서도 똑같으실 거야. 우리 모두는 방랑자적 기질을 가지고 있다. 우리 모두 장롱 속이나 침대 밑에 숨어 버리고, 종종 안전한 곳을 떠나 도망친다… 그럴 때마다 하나님께서는 우리를 찾으시며 다가오신다. 하나님의 끝없는 사랑이 당신을 찾아내지 못하도록 숨을 수 있는 그런 장소는 없다. 얼마나 큰 혼란에 빠져있든 간에 그분은 거기 계신다.

릴리의 앞발이 온통 진흙투성이어서 내 잠옷은 엉망이 되었다. 하나님께서는 우리가 묻히고 온 진흙, 즉 죄와 우리의 엉망진창된 모습을 과연 어디까지 허락하실까? 하지만 당신은 결코 불평하는 소리를 듣지는 못할 것이다. 그저 "잘 왔다, 말썽쟁이!" 정도일 것이다.

때론 당신이 스스로 너무나 타락해 돌아올 수 없다고 느낄 수도 있을 것이다. 확실히 말할 수 있는 것은 당신이 하나님으로부터 너무 멀리 떨어질 수 없는 것이다. 사랑했던 모든 것을 잃고 하나님에게서 멀어진 한 작가가 작시한 놀라운 찬송 가사를 기억해 보라. "오 나를 놓지 않으실 그 사랑"이다. "놓지 않으셨던" 사랑이 아니라 "놓지 않으실" 사랑이다.

그러니 인생에서 가장 어두운 밤을 맞이하여 믿음을 생각할 수조차 없이 지쳤을 때 당신의 영혼을 찾는 조용한 부름을 듣거든… 그저 조그맣게 "야옹"하고 소리를 내기 바란다. 그러면 하나님께서 당신을 찾아 집으로 데려가시고 씻기시며 양식을 주실 것이다. 그분은 언제나 당신의 귀환을 환영하시리라.

우리가 모든 경계를 넘어간다 해도,
하나님의 끝없는 사랑은 우리를 찾아낸다.
하나님께서는 우리를 결코 잃어버리시지 않으신다.

WOMEN OF FAITH

그리고 에디스가 함께 하더라

~ 바바라 존슨

하나님의 사랑에 대한 이야기를 할 때, 왠지 가장 중요한 점을 놓치고 있다는 생각을 해본 적이 있는가? 지금까지 있었던 가장 위대한 사랑 이야기인 성경책은 우리에게 끊임없이 말해 준다. 하나님의 은혜로우신 사랑은 헌신적인 아버지가 사랑하는 자식에게 주는 대가없는 선물이며, 우리가 안전하고 행복하게 살기 위해 필요로 하는 모든 것을 끊임없이 공급해 주는 원천이라고….

그렇긴 한데 뭔가 빠진 것 같다. 예수님의 좋은 친구인 마르다가 예수님의 대가없는 무한한 사랑을 단순히 받아들이고 즐기기 힘들어 했던 경우처럼 우리도 종종 하나님을 위한 끊임없는 활동을 하느라 우리를 위한 그분의 늘 곁에 있는 사랑을 놓칠 때가 많은 것이다.

에디스는 그렇지 않았다. 그녀는 하나님의 마음을 직접적으로 가슴에 받아 안은 소녀였다.

에디스는 제2차 세계대전 종전 후 런던 거리를 배회하던 고아 소녀였다. 그녀는 쌀쌀한 바깥 날씨를 피하기 위해 따뜻한 공공 건물의 뒷문으로 숨어 들어가곤 했다. 어느 주일 저녁, 그녀는 한 교회로 들어가 설교를 듣게 되었다. 그러다 설교 내용 중에 귀가 솔깃하여 너무나 기뻐했다!

교인들이 예배를 끝내고 몰려나오면서 목사와 악수를 할 때, 그 작은 소녀는 목사에게로 달려와 소리쳤다. "아, 목사님, 목사님 - 정말 기뻐요! 내 이름이 성경에 나온다는 사실을 몰랐었어요!"

목사는 설교 내용 중에 여자 이름이 있었던가 생각해 보았지만, 도저히 생각나는 게 없었다. 그래도 소녀의 기쁨을 해칠 마음이 나지 않아 가만히 물어 보았다. "그래, 아가야. 네 이름이 뭐지?"

"에디스예요."

목사는 이제 정말로 헷갈리게 되어 버렸다. 그러나 정말로 소녀에게 상처를 주긴 싫었지만 결국 "에디스(Edith)"란 이름이 성경에는 나오지 않는다고 인정을 하고 말았다.

"하지만 정말 들었는걸요!" 에디스는 주장했다. "목사님께서 분명히 말씀하셨어요. 예수님께서 죄인을 영접하고 에디스가 함께 한다고요."

목사는 쿡쿡 웃으며 소녀의 뺨을 어루만졌다. 그는 그날 저녁 누가복음 15장 2절을 가지고 설교를 했었다. 바리새인들과 서기관들이 자칭 거룩한 자라는 예수가 죄인과 시간을 보내고 그들과 "음식을 먹는다(eateth)"는 사실을 불평하는 내용이었다(저런!). 소녀 에디스가 단어를 잘못 알아듣긴 했어도 그녀는 분명 가장 중요한 사실을 짚어낸 것이다! 그녀는 그녀 자신과, 여러분과, 나를 위한 진리를 제대로 들은 것이다 - 하나님의 끝없는 사랑은 죄인이나 의인이나 할 것 없이 모두에게 미친다는 사실을.

예수님께서는 자기 합리화로 무장한 율법사들에게 다음과 같은 비유로 응답하셨다.

너희 중에 어느 사람이 양 일백 마리가 있는데 그 중에 하나를 잃으면

아흔아홉 마리를 들에 두고 그 잃은 것을 찾도록 찾아다니지 아니하느냐 또 찾은즉 즐거워 어깨에 메고 집에 와서 그 벗과 이웃을 불러 모으고 말하되 나와 함께 즐기자 나의 잃은 양을 찾았노라 하리라 내가 너희에게 이르노니 이와 같이 죄인 하나가 회개하면 하늘에서는 회개할 것 없는 의인 아흔아홉을 인하여 기뻐하는 것보다 더하리라(눅 15 : 4-7)

그분은 이렇게도 말씀하셨다. "인자의 온 것은 잃어버린 자를 찾아 구원하려 함이니라"(눅 19 : 10) 예수님께서는 잃어버린 자들, 고아들, 외로운 사람들, 죄인들을 사랑하신다. 그분이 오신 이유를 깨닫지 못하는 사람들까지도… 사실 그런 자들을 구하려 예수님께서 강림하신 것이다! 당신과 나! 주님의 끝없는 사랑을 가장 간절히 필요로 해야 할 율법자들, 그리고 에디스까지.

어렸을 때 부르곤 했던 오래된 찬송가 가사가 아직까지도 내 눈에 눈물이 맺히게 만든다(이 찬송의 가사는 몇몇 정신 병원의 벽에도 휘갈겨 써 있다고 들었다. 예수님께서는 그런 장소에도 물론 계신다!).

그 크신 하나님의 사랑
말로 다 형용 못하네
저 높고 높은 별을 넘어
이 낮고 낮은 땅 위에

하늘을 두루마리 삼고
바다를 먹물 삼아도
한없는 하나님의 사랑
다 기록할 수 없겠네

하나님의 크신 사랑
그 어찌 다 쓸까
저 하늘 높이 쌓아도
채우지 못하리

우리를 향하신 그 사랑은 끝이 없다!
얼마나 깊고… 얼마나 넓은지 모른다.

재물은 날아가 버리고, 위로도 사라지며,
희망은 시들어 버린다.
그러나 하나님의 사랑은 우리와 함께 한다… 영원히.

편지 왔습니다

~ 팻시 클레몬트

어렸을 때 나는 할머니가 침대 끝머리에 큰 여행 가방을 놓으시고 거기서 무명실로 묶인 편지 묶음을 꺼내시는 것을 구경하는 걸 좋아 했었다. 그 가방 안에는 사진들, 코바늘뜨기로 뜬(내게 선물로 주신) 냄비 받침, 조그만 보물들, 겨울에 따뜻하게 하기 위해 손수 만드신 누비 이불 등이 들어 있었다.

하지만 그분은 편지를 가장 소중하게 생각하셨다. 여러 사랑했던 사람들에게서 온 글들이었기 때문이다. 할머니는 그 글들이 마음 속에 깊이 새겨질 때까지 조심스레 읽고 또 읽으셨다.

편지는 사람들을 가깝게 만든다. 서로 세상 반대편에 살고 있을지라도, 전장의 한가운데 있을지라도, 유한한 지구 땅덩어리의 끝에 서 있을지라도 말이다.

나는 요즘 윈스턴과 클레멘타인 처칠 부부의 편지를 읽고 있는데 전시(戰時)에 주고받은 노트를 포함, 그들이 서로 56년 간을 주고받은 것들이다. 그 편지들은 가장 커다란 두려움과 가장 깊은 사랑을 나누었기에 긴장감과 부드러움으로 가득 차 있다. 하루에도 몇 번을, 편지를 주고받은 횟수 또한 깊은 감명을 주기 알맞았다.

윈스턴과 클레멘타인은 분명 서로에게 헌신적이었다. 하지만 그 편지들은 분노의 순간들 또한 담고 있었다. 휴… 안심이 된다! 그런 유명 인사들이 인간의 나약함을 나누는 것을 보며 우리는 인간 관계 속에서 투쟁하는 사람들이 우리뿐이 아니라는 사실을 느끼며 격려를 얻지 않는가.

처칠 부부의 갈등의 기록은 주고받은 편지에 명백히 드러나 있다. 왜냐하면 부부는 심지어 같은 방 안에 앉아 있을 때조차 편지를 주고받았기 때문이다. 클레멘타인은 남편과 자신의 관계에서, 자신의 반동적인 성격과 남편의 의견을 맞추기 위해 과장하는 경향이 둘 사이에 불필요한 긴장감을 유발한다는 사실을 일찍이 깨달았다.

그리하여 가정의 분위기를 좀더 애정 있고 사랑스럽게, 또 많은 말을 하지 않기 위해서, 그녀는 남편에게 금방 잊혀지는 가벼운 이야기들을 쪽지에 써서 주므로 두 성미가 부딪히는 것을 피했다. 그녀는 편지에도 썼듯이 그렇게 함으로써 자신이 좀더 객관적이고 좀 덜 폭발적인 사람으로 변하게 되었음을 알게 되었다.

윈스턴도 아내를 조정하려는 생각 대신에, 그녀가 보내는 메시지를 주의 깊게 생각하게 되었다. 그리하여 그 부부의 딸이 "가정의 편지 나눔통"이라고 명명한 것이 태어나게 된 것이다. 그것은 이 저명한 커플을 개인적인 방법으로 도와주었을 뿐만 아니라 세상 사람들에게도 어느 날 그 내용들을 엿들을 기회를 허락해 주었다. 그리하여 우리는 그 부부에게서, 그리고 그들이 어떻게 의사 소통에 따르는 문제를 기억할 만한 공보(公報)로 바꾸어 놓았는가에 대한 통찰력을 얻게 된다.

엿듣는다는 이야기가 나와서 말인데, 나는 그것에 있어 사도 바울의 편지들에 대단한 빚을 지고 있다 예를 들어 그가 빌립보에 있는 새 그리스도인들에게 편지를 쓸 당시, 그는 힐튼호텔의 초호화 객실이 아니라 감옥에서 - 그 어둡고 어두운 감옥에서 편지를 썼다. 영감이 듬뿍 들어간 글을 쓰기엔 그리 적당한 장소가 아니었는데도 그는 그것을 해 냈다.

사실 바울은 "육신이 어떤 상황에 처했든 간에 즐거워하라"는 말의 의미가 무엇인지 수백만이 알 수 있도록 도와준 셈이 된 그런 기쁨의 글을 썼던 것이다. "이걸 해야만 한다" 라고 타인에게 말하는 것과 인생을 살면서 경험한 것들을 나누는 것과는 정말 천지 차이다. 바울의 일생은 고난으로 얼룩졌다.

그러나 그 모든 어려운 상황들을 그는 믿음으로 굳건히 살아냈다. 결국 신약성서로 굳어진 그 풍요롭고 확고하며 초석이 된 편지들을 쓴 것도 바로 그 순간들 가운데서 였다.

이 글을 쓰면서, 내 침대 옆 탁자를 보면 가죽 장정으로 묶인 편지 묶음이 놓여 있다. 거기에 바울의 편지도 들어 있다. 그건 하나님의 끝없고, 두려움 없고, 확고부동하고, 아낌없으며, 경이로운, 그리고 의도적인 사랑을 기꺼이 들을 마음을 가진 사람을 향하여 쓰여진 연애 편지들인 것이다.

이 개인적인 편지들은 몇 대를 거슬러 내려왔다. 그것을 읽으며 우리는 혼자가 아니라는 것을 - 고민할 때도, 삶을 살아가면서도 절대 혼자가 아니라는 것을 알게 된다. 그리고 이 편지들 안에 담긴 진리는 우리의 마음 판에 새겨질 때 영원한 변화를 만들어낸다.

나는 성경이 인간의 연약함으로 가득 차 있는 동시에 위대한 신성을 우러르게 해 준다는 사실에 감사 드린다. 그럼으로써 우리에겐 소망이 남는다. 만약 우리가 성경을 "가정의 편지 나눔통"으로 만들 수 있다면 얼마나 좋을까. 그러면 우리는 우리를 향하신 주님의 온유하신 감정을 읽고 또 읽을 수 있을 것이다. 그리고 그분의 말씀이 우리 안에 새겨지도록 할 수 있을 것이고 그분의 끝없는 사랑을 알게 될 것이다. 그리고 우리의 마음들은 그분의 사랑에 응답하기 위해 넘쳐 날 것이다.

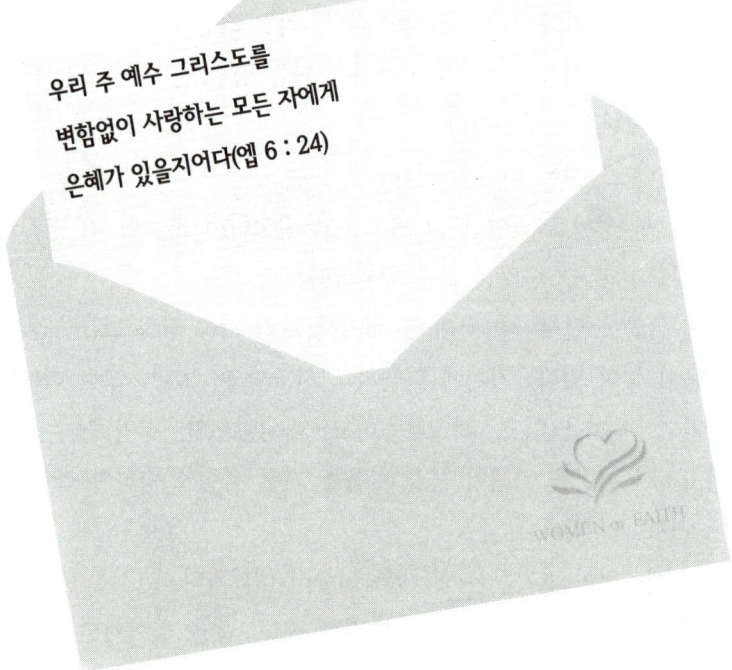

우리 주 예수 그리스도를
변함없이 사랑하는 모든 자에게
은혜가 있을지어다(엡 6 : 24)

WOMEN OF FAITH

"외모로 판단치 말지어다"

~ 루시 스윈돌

매일 아침 나는 등급(1등급 하는 식의)이 매겨진 달걀을 먹는다. 몇 몇 닭이 다음과 같은 말을 껍데기에다 찍어 둔다 : 시력이 좋아집니다. 그 달걀을 먹고 나면 시력이 좋아질 것이라 생각만 해도 얼마나 큰 격려가 되는지 - 혹은 나와 그 닭 양쪽의 희망 사항인지도 모르지만.

마릴린은 내게 같은 브랜드의 달걀을 사 준다. 우리는 종종 서로에게 시력이 좀 나아진 것 같으냐고 묻는다. 질문도 재밌지만 대답은 더 웃기는 경우가 많다.

등급 매기기는 내게 있어 제2의 천성과 같다. 항상 안 그러고는 못 배긴다. 그건 어떤 사물이나 사람을 재빨리 특징화하기 쉬운 방법이다. 예를 들어, 나는 내 수면의 호흡 곤란 문제를 조절하는 CPAP(지속 양압 공급기; 수면 중에 호흡 경로가 막혀서 발생하는 코골음과 수면무호흡 등의 증세를 코를 통해 공기를 불어 넣어 원활한 호흡을 유지해 주는 기기 - 역자) 장치를 "렉터 박사"라고 꼬리표를 달았다. 그 장치는 모터가 튜브와 마스크와 내 얼굴에 연결되어 있는데, 보고 있으면 아주 섹시하다! 나는 "렉터 박사"의 이름을 "양들의 침묵"에 나오는 식인의(食人醫) 한니발 렉터를 따서 지었다(우연히도 지금 여행

할 때 가지고 다니는 휴대용 컴퓨터에는 그 영화에서 FBI 요원이었던 "클라리스"라는 이름이 붙어 있다). 이 무시무시한 두 커플이 여행하는 나를 졸졸 따라다닌다.

하지만 이 재미있는 등급 매기기를 조심해서 하지 않으면 나 자신 스스로 실족할 때가 있다. 물건에 대고 등급을 매긴다고 한다면 그리 나쁘지 않을지도 모르지만, 그 목표가 사람이 된다고 치면 정말 완전히 틀릴 수도 있게 되니까. 한 인간의 내면에 무엇이 들어있는지를 내가 매기는 꼬리표는 전혀 꼬집어내지 못할 수도 있다. 나는 몇 개월 전에 한 식품점에서 이 문제를(그리고 나의 주기적인 속좁은 마음을) 잘 나타내 주는 경험을 하나 하게 되었다.

밤 9시가 다 되었을 때였다. 나는 잠자리에 들기 전에 몇 가지 물건을 사려고 슈퍼에 갔다. 계산대에서 나는 내 앞에 있던 남자를 보고 깜짝 놀랐다. 그 사람의 몸은 문신으로 뒤덮여 있었다. 그러니까 내 말은 한마디로 **"뒤덮여"** 있었다. 사실 사람이라기보단 래그 럭(rag rug : 넝마를 섞어 짠 깔개 - 역자)같아 보였다. 몸 전체가 어두운 낙서들로 가득했다. 그는 키가 크고 수염이 거뭇거뭇 나고 있었으며, 숨이 막힐 정도로 잘 생겨 보였고, 런닝 셔츠와 청바지만 입고 있었다. 낡은 청바지 입은 피트 샘프러스(미국 테니스 선수 - 역자)라고나 할까. 난 그를 즉시 **"래그 럭 피트"** 라고 꼬리표를 붙였다.

저 녀석은 분명 청부 살인자거나, 아니면 방금 은행을 털고 오는 길일거야. 밤이 깊어 가고 있었고, 난 그자가 비디오 화면의 심야 뉴스에 자료 화면으로 등장하는 그런 권총 강도의 부류처럼 홱 변할 거라고 확신하고 있었다. 하지만 그 뉴스 화면도 지금 상황처럼 지독하진 않을 것이다 - 그는 조그만 아기와 앙앙거리는 젖먹이, 즉 아이 둘을 데리고 있었던 것이다.

'래그 럭 피트는 납치범일 거다' 이렇게 생각했다. 이 아이들을 엄마로부터 빼앗아서는 집착하려고 애쓰고 있는 거야. 신고해야 하나? 아이들을 죽이려 들면 어쩌지? 여기서 강도질을 할까? 날 죽이려 들까? 사람의 생각이란 … 나쁜 것에서 지독한 것으로, 지독한 것에서 끔찍한 것으로, 끔찍한 것에서 죽음으로, 죽음에서…(흠, 이런 드라마틱한 정신 활동은 오직 내 머리 속에서만 진행되는 것일지도 모르지만.)

하여튼 다시 가게 안으로 들어가 보자.

머리 속에서 판단하며 정신 없이 몽상하고 잊으려는데 아주 흥미로운 일이 벌어졌다. 래그 럭 피트가 계산대에 물건들을 올려놓고 값을 치르려는 것이었다(훔친 돈으로?). 그런데 물건들을 봉투에 담아 주고 있는 여자가 이미 그와 아는 사이라는 것이 분명해졌다. 음, 이럴 수가!

"오늘 밤은 부인이 어디 가셨나봐요?" 여점원이 물었다.

"오늘 하룻밤 쉬게 해 줬어요. 제가 그냥 아이들 잡아 끌고 쇼핑 나와버린 거죠. 하루 종일 일해야 하니 정말 죽을 지경일 거예요." 그는 깊고 따뜻한 저음으로 이렇게 말하는 것이었다.

그는 카트 위에 두었던 조그만 침대에서 아기를 번쩍 들어올리더니 가장 부드럽고 애정이 듬뿍 담긴 손길로 어루만지기 시작했다. 그리고 큰 아이를 끌어당겨 안아 주었다. 난 보고 있어도 믿을 수가 없었다.

그러자 그의 친구가 아이들을 가리키며 말했다. "애들을 집에 두고 다녀본 적이 없으실 것 같아요!"

"거의요. 같이 있는 시간이 늘 아쉬운 걸요."

자, 어때, 루시? 보기 좋게 틀렸지, 이 보잘것없는 인간 같으니라고(이건 딱 맞는 꼬리표다).

난 정말로 문신을 싫어한다. 더럽고 천박해 보이고 또… 고통스러워 보이기 때문이다. 뭔가 "도덕적"이지 못한 것처럼 보인다. 문신을 보고 있으면 그걸 하고 있는 사람들이 나쁘게 생각되는 것이다.

실라는 언젠가 연설 도중에 자신이 문신을 하게 된다면 "신실하신 하나님"이라는 문구를 넣고 싶다고 고백한 적이 있다. 아마 그것에 관해서는 기분이 괜찮았으리라 생각한다. 왜냐하면 난 실라를 알고 또 사랑하며, 또한 하나님께서는 진정 신실하시다는 것을 믿기 때문이다. 하지만 사실을 말하자면, 나는 그것을 "무엇보다 문신을 하는 건 괜찮은 거야, 뭐라고 새겨넣건 말이야"라는 내 개인적인 편견의 철망을 통과시켜야 했을 것이다.

래그 럭 피트가 가게를 떠날 즈음엔, 난 그가 내게 말을 걸고, 친절하게 대해 주며 악수도 하고, "당신이 내 아내였다면 늘 함께 다녔을 겁니다" 따위의 말을 걸어 주었으면 하고 바라고 있을 정도였다.

수많은 보통 사람들이 그렇게 변장을 한 천사들이다. 그 천사는 우리가 "틀렸어"라고 꼬리표 붙여놓은 겉모습 아래 숨어 있을 뿐이다. 「삶, 사랑, 그리고 배움」이라는 저서에서 리오 버스칼리아는 이렇게 썼다. "사랑하는 사람은… 등급을 매기려 들지 않는다. 만약 당신이 그 사람이라면 입에서 나오는 말을 지배하지, 말이 당신을 지배하도록 놔두지 말라." 그것은 내게 굉장한 조언이 된다. 그리고 우리 모두를 위하여 여러분에게도 조언해 드리고 싶은 것이다.

내가 가장 좋아하는 하나님의 성품 중 한 가지는 이 등급 매기기 문제를 싫어하신다는 것이다. 오, 난 그분이 약간은 비뚤어진 내 상상력이 지어낸 얼토당토않은 시나리오들 몇 개를 아주 싫어하실 거라고 확신한다. 하나님께서는 분명 유머와 센스가 있으시다. 하지만 결코 내게 그 누구에게도 기성품에나 붙이는 똑같은 꼬리표를 붙이진 않으신다. 한 인간을 쓰윽 훑어보고 "착함", "못됐음", "구제불능임" 등이 쓰인 상자에 넣는 일은 절대로 없으시다! 절대 그렇지 않다 "…나의 ㅂ

는 것은 사람과 같지 아니하니 사람은 외모를 보거니와 나 여호와는 중심(中心)을 보느니라"(삼상 16 : 7) 하나님의 사랑은 내가 가끔씩 그러는 것처럼 속이 좁거나 근시안적이지 않다. 그분의 사랑은 사람들이 서로로부터 "안전"하기 위해 세우는 그런 모든 경계를 넘어 도달하는 것이다. 그런 놀라운 은혜 안에서 하나님께서는 자신의 끝없는 사랑을 받으라고 우리 모두를 개인적으로 환영하신다. 그분의 임재 안에서 우리는 호된 판단이나 잘못된 꼬리표에서 자유로울 수 있다.

육십 년 간 내 인생의 한 부분이 되어 왔던 습관을 깨뜨리기란 결코 쉬운 일이 아니다. 하지만 매일 매일 노력한다. 하나님께서는 늘 "외모로 판단치 말지어다" 라는 결심을 일깨우시려고 작은 테스트를 하신다. 그 취지를 깊이 깨닫게 되는 날, 나의 시야는 분명 치유될 것이다.

"차의 방향 지시 등을 켜서 잘 보세요!" 이 범퍼 스티커는 내 앞을 달리고 있는 거의 모든 운전자를 정확히 알아낸다. 난 이것을 여러분들에게도 알려드려야만 하겠다. 물론 사랑 안에서.

WOMEN OF FAITH

사랑을 위하여

~ 셀마 웰스

"**절대** 어머니가 널 버리신 게 아니란다. 아주 잠깐 내게 맡기신 것 뿐이야."

반세기가 지났건만 이 말은 여전히 내 생각 속에서 울리고 있다. 나의 증조할머니는 얼마나 현명한 분이셨는지… 내가 한 치의 의심 없이 알아들을 때까지, 어머니가 날 사랑하지 않기 때문에 버린 것이 아니라는 걸 반복해서 말씀해 주셨다. 어머니는 그저, 자신이 누리지 못한 편안한 삶을 내가 살아가기 원하신 것이다.

내가 두 살 되던 해, 어머니와 내가 둘 다 아팠기 때문에 할머니가 나를 데리고 가셨다. 다시 건강을 회복하기 위해 날 간호해 줄 이가 필요했다. 그래서 할머니가 나서셨고 어머닌 마음이 놓이셨는지 좀 나아지셨다.

초등학교에 다니던 어느 날, 어머니와 하루를 같이 보내기 위해 갔던 게 기억난다. 사실 그때가 어머니와 밤을 함께 보낸 유일한 기억이다.

더 있었을는지도 모르지만, 그랬다 해도 내 기억에 남아 있을 만한 중요한 사건들은 아니었음이 틀림없다. 이번은 정말 중요했던 모양이다.

어머니와 아직 아기였던 여동생은 사우스 댈러스의 스탁스 가(街)에 살고 있었다. 텐트 안에서… 캠핑 텐트 안에서 살고 계셨다.

교회에서 여름 수련회 할 때 캠핑을 가서 텐트 안에서 생활한 적은 있으나 매일 매일을 텐트 안에서 사는 사람은 본 적이 없었다. 충격이었다!

텐트 안에는 간이침대 두 개가 놓여 있었다. 침대도 아닌 - 군대 야영할 때나 쓰는(지갑처럼 접었다 폈다 할 수 있는 나무 다리가 달린 흉한 초록색) 간이침대… 밤이 되자 그 침대 하나에서는 어머니가, 나머지 하나에서 나와 내 동생이 자야 했다.

화장실은 어디 있지? 나는 생각했다. 화장실이 없다니! 어떻게 해야 화장실을 쓸 수 있는 거야? 이 생각이 나를 계속 붙들고 있었는데, 친절한 이웃이 나를 불러서 그들 집 화장실을 쓸 수 있게 해 주었다. 텐트 안에는 스토브도 없었다. 나무때기가 몇 개 땅에 뒹굴고 있었고, 불 땐 장작 위에 커다란 검은 냄비가 하나 걸려 있었다.

동생과 나는 잘 시간이 될 때까지 놀았다. 우리 둘이 어떻게 저 비좁은 침대 위에서 자나? 난 궁금했다. 난 정말로 집에 - 할머니가 계신 집에 가고 싶었다.

시간이 지날수록 슬퍼졌지만 어머니를 기분 나쁘게 해드리고 싶지 않아서 아무 말 없이 가만히 있었다.

침대에 누웠을 때, 난 정말로 꼼짝도 않고 누워 있었다. 침대에서 떨어질까 봐, 행여 동생을 밀어 떨어뜨릴까 봐… 바닥은 더러웠다. 양탄자도, 깔개도 없었다. 딱딱하고 흙투성이 바닥 외엔 아무것도 없었다.

나는 어머니가 내 울음 소리를 듣지 못하시도록 얼마나 애썼는지 모른다. 내게 신경 안 쓰시도록 되도록 조용히 난 코를 훌쩍이고 눈에 맺힌 눈물을 닦아 냈다.

이 생각밖에 안 났다. 이 침댄 너무 껄끄러워서 하얗고 깨끗하고 푹신한 이불이 있는 우리 집으로 가고 싶었다.

'여긴 정말 싫어. 빨리 집으로 가서 맛있는 음식을 먹고 싶어. 여긴 정말 참을 수가 없어. 마룻바닥에 카페트가 깔려 있는 우리 집으로 가고 싶어. 내가 너무나 더러운 애가 된 것 같아. 집으로 가야 숨을 좀 쉬겠어. 왜 할머니는 날 여기로 보내셨을까? 집으로 가고 싶단 말이야!'

우리 어머니도 그날 밤 쉽사리 잠을 이루지 못하신 것 같다. 어머닌 자존심이 강하신 분이셨고, 그래서 분명 딸에게 보이는 이런 생활이 당황스럽고 수치스러우셨을 것이다.

절대로 구걸은 하지 않겠다고 작정하신 어머니는 어떻게든 살아나가려고 할 수 있는 일을 하고 계신 것이었다. 할 일이 없는 힘든 시간 동안 어머니가 최선을 다해 삶을 유지하기로 작정하신 장소가 바로 이 텐트 생활이었다.

어머닌 오른손과 발을 잘 쓰지 못하셔서 직업을 구하러 가도 그 회사에서 별로 환영받는 일꾼은 아니었다. 어머닌 왼쪽 손으로 대부분의 사람들이 두 손을 쓰는 것보다 더 많은 일을 할 수 있었지만, 그 사람들은 단편적인 어머니 육신의 장애만을 보고, 그 능력과 기술을 보지 못했던 것이다.

아침이 되었을 때, 어머니는 가장 친절하고 부드러운 목소리로 말씀하셨다. "셀마, 애야! 여긴 네가 있을 곳이 아니란다. 빨리 집에 가봐야겠구나."

바로 내가 기다려왔던 말이었다! 나는 다시 이웃집으로 가서 화장실을 한번 더 빌려 썼다. 그리고 전화도 한 통 썼다.

난 증조할머니에게 전화를 해서 **지금 당장** 집에 가야겠다고 했다. 그녀는 즉시 나의 할아버지 대디 로렌스(증조할머니의 아들이자 우리 어머니의 아버지)에게 전화를 해서 날 데리러 가라고 하셨다. 할아버지는 곧 오셨다.

할아버진 자기 딸과 손녀딸이 사는 모양을 생전 처음 보시고 충격을 받으셨다. 너무나 가슴 아파하셨다. 그리곤 어머니께 필요하면 언제나 곁에서 도움을 주겠다고 말씀하셨다.

그 후 정확히 무슨 일이 일어났는지는 모르지만, 어머니가 다시는 텐트 생활을 하지 않으셨다는 것만은 알고 있다. 처음에 어머닌 세탁소 일과 건물 청소일을 구하셨다. 그런 후에 댈러스의 굿윌 인더스트리스(Goodwill Industries)라는 회사에서 일하셨으며, 일 잘하는 직원으로 상과 표창까지 받으셨다.

그 경험을 떠올려 보며, 나는 성경 속에 나오는 두 여인, 즉 살아 있는 한 아기를 두고 서로 자기가 엄마라고 우겼던 두 여인에 대해 생각해 본다(이 놀라운 이야기는 구약성서 열왕기상 3장 16-28절에서 찾아볼 수 있다).

논쟁을 마무리짓기 위해 솔로몬 왕은 신하에게 명하여 아기를 반으로 잘라 여자들에게 한 쪽씩 나누어 주라고 했다. 아기의 진짜 어머니는 공포에 질려 즉시 소리쳤다. "제발 왕이시여, 산 아들을 저 여자에게 주시고 제발 죽이지 마십시오!"(26절) 아들을 향한 사랑이 너무나 강했기에, 그녀는 그저 자신이 "갖고 있기 위해" 아들을 죽일 수는 없었던 것이다.

그게 바로 어머니가 밤에 내가 숨죽여 흐느끼는 소리를 들은 후 그 절망적이고, 곤혹스러우며, 왜소해지던 아침에 느낀 것이었으리라 나는 확신한다.

어머닌 내가 자신이나 동생이 겪고 있는 삶의 시련들을 마주하기 보단 증조할머니와 함께 깨끗하고, 행복하고, 만족스런 생활을 하는 나를 보기 원하셨던 것이다.

이제 나도 어머니이자 할머니가 되어 그 당시의 우리 가족을 되돌아 볼 때, 환경이 어쨌건 간에 내 아이들과 헤어져 살 수 있었을까 생각해보면 잘 모르겠다.

그러나 한 인간이 사랑하는 이들을 위해 결심하는 최선 – 사랑을 위해 그들을 포기하는 것까지 포함한 최선의 가치를 함부로 저울질할 수는 없을 것이다.

사실 그것이 바로 하나님께서 하신 일이다. 그분이 독생자를 세상에 보내셔서 인생의 잔혹함과 고난을 경험하게 하시고, 생각할 수 있는 가장 수치스런 죽음에 그 몸을 희생하도록 허락하시고, 죄인들에게 집으로 돌아와 당신과 영원히 살 수 있는 방법을 주시려고, 그 귀하신 아들을 포기하신 것이다.

그것이 하나님의 끝없는 사랑을 나타낼만큼 격한 예가 될 수 없다면, 난 다른 게 뭐가 있을지 상상할 수조차 없다.

성경 속에서 하나님의 빛나는 사랑하심과 우리를 위해 하실 일을 에베소서 3장 17-19절만큼 잘 요약하고 있는 말씀도 없다. 앞으로 이 책을 읽어 가면서 깊이를 알 수 없는 하나님의 사랑하심에 깊숙이 몸을 담가보기를 함께 기도 드린다.

믿음으로 말미암아 그리스도께서
너희 마음에 계시게 하옵시고
너희가 사랑 가운데서 뿌리가 박히고 터가 굳어져서
능히 모든 성도와 함께

지식에 넘치는 그리스도의 사랑을 알아
그 넓이와 길이와 높이와 깊이가 어떠함을 깨달아
하나님의 모든 충만하신 것으로
너희에게 충만하게 하시기를 구하노라

할렐루야!

자기 아이를 향한 선한 어머니의 사랑은
우리를 향한 그리스도의 사랑의 전형적인 예가 된다.
당신은 전능하신 하나님보다
더 나은 부모를 가질 수는 없을 것이다!

WOMEN of FAITH

두려움 없는 사랑

WOMEN OF FAITH

사랑하는 여러분,

예전에 광장공포증(두려움으로 집 안에만 틀어박혀 있는 병)으로 고생했던 사람이 겪는 두려움 없는 사랑을 상상해 보라. 정말, 나는 3마일 떨어져 있는 마을까지 운전해 나갈 수 있는 용기, 폭풍우를 맞거나 엘리베이터를 탈 수 있는 용기를 달라고 하나님께 부르짖었던 때를 아직도 기억하고 있다. 하지만 여기 여러분에게 드릴 좋은 소식이 있다.

두려움 없으신 그분은 크고 작은 일상의 도전들을 마주할 수 있는 데 필요한 정력이나 용기, 인내 등의 부족으로 두려워하고 있는 자들에게 필요 분을 충분히 주입시켜 주신다는 사실이다.

사실 두려움의 렌즈를 통해 볼 때는 조그만 것이란 거의 없다. 공포는 왜곡을 낳고, 적들을 거인으로 만들며, 사소한 것들이 타이타닉호가 되고, 미래를 황폐하게 만든다. 그걸 잘 설명해 줄 사람이 여기 있다.

하지만 나는 두려움 없는 사랑이 두려움을 경감시켜 줄 뿐만 아니라 그 기쁨 없는 손아귀로부터 구원해 주는 역할도 함을 알게 되었다.

이제 책장을 넘겨 가면서 자유를 향한 이 길을 걸으며 나의 동료들 - 루시, 실라, 마릴린, 엠마, 바바라(각자의 골리앗을 맞아 씩씩하게 싸워 온 용감한 여인들)는 이 인생이라고 불리는 무릎을 후들거리게 만드는 긴 여행에서 등장하는 온갖 시련과 비극, 유혹의 상태를 여러분과 함께 지나며 현명하고도 유머 있게 도움의 손길을 내밀어 줄 것이다.

그렇지, 이 용감한 여인네들은 심지어 겁쟁이인 나로 하여금 두려움에 대한 개인적인 투쟁과 마침내 붙든 사랑, 즉 두려움 없는 사랑의 승리에 대해 많은 의견을 낼 수 있도록 도와주기도 했다. 그러니 손을 잡고 함께 가자. 우리는 이 여행을 함께 하고 있으며 그렇게 함께 하나님의 완전하신 사랑의 증거자가 되는 것이고, 그 사랑은 모든 두려움을 내어좇는 것이다.

인내합시다!

팻시 클레몬트 *Patsy*

어디든지 따라가렵니다

~ 실라 왈수

2000년 4월은 우리 집안에서 기념할 만한 달이다. 남편인 배리와 나는 달력에 표시를 해 두고 날짜를 세어 가며, 음식 배급 라인에 서 있는 두 명의 집 없는 사람들처럼 고대하며 기다렸다. 바로 "팻"의 달이었다.

팻 샌즈는 백마를 탄 여기사처럼 내 삶에 등장했다. 나는 그녀를 몇 년 전 **"700 클럽"**의 공동 진행자를 하고 있을 때 절망적인 상황 하에서 만났다. 나의 전 비서는 내가 크리스마스 뮤지컬 순회 공연 일로 2주 간 사무실을 떠나 있어야 하는 상황을 사흘 남겨두고 그만 두어 버렸다. 난 완전히 제정신이 아니었다. 비서가 뜯지도 않은 채 책상 밑에 처박아두고 간 4개월 치 밀린 편지들은 고사하고라도, 도대체 누가 내 전화를 받아 주고 날아드는 메일을 체크해 줄까?

나는 직업 소개소에 전화를 했고, 팻은 내가 떠나기 하루 전에 도착했다. 불쌍한 그녀는 사무실에 들어서자 "안녕하세요!"라고 인사를 했다. 내 사무실은 두 살 짜리 아기 넷이 관리를 해온 것처럼 처참해서 난 그녀를 안심시키려 애썼다. "보세요, 오래된 물건들을 정리해 주는 건 꿈도 꾸지 않아요. 그저 전화만 받아 주시고, 내가 떠나있을 동안 연락 오는 일들만 잘 처리해 준다면, 퓰리처상(미국의 권위 있는 보도 · 문학 · 음악상 - 역자)이라도 약속하겠어요."

2주 후에 돌아왔을 때 난 놀라 뒤로 넘어질 뻔했다. 최근 도착한 편지들 뿐만 아니라 4개월 동안 밀려 있던 편지들을 다 뜯어보고 답장을 하고 파일 처리까지 해 놓은 것이었다! (난 그녀를 입양이라도 하고 싶었지만 팻의 자녀들이 반대했기 때문에 할 수 없이 고용만 했다.) 그녀는 훌륭한 비서였을 뿐만 아니라 정말 사랑스런 친구였다. 내가 크리스천 방송 네트워크 일을 떠났을 때 결국 그녀도 비서를 그만 두고, 성인이 된 자녀들과 손자들이 있는 웨스트버지니아로 돌아갔다.

"믿음의여성협회"의 강사이자 작가로서의 내 삶이 점점 바빠지게 되자 나는 팻을 다시 고용해서 우편물을 관리하는 데 도움을 받았다. 팻은 그 일을 클락스버그에 있는 자택에서 밤에 하곤 했다. 그러자 나는 놀라운 현상을 경험하게 되었다. 나의 첫 비서에게 있던 유전자가 날 건너뛰어 남편 배리에게로 가버린 모양이었다. 어떻게 그런 일이 일어났는가는 이 지구상에서 도저히 해답을 찾을 수 없는 삶의 미스테리 가운데 하나일 뿐이다.

남편이 생각하는 서류 정리란 잔뜩 쌓인 종이 뭉치들을 집어들어 카페트 깔린 바닥에 처박아 두고, 그동안 하나님께서 적당한 순서로 정렬해 주실 것이라 믿는 마음을 가지는 것이다. 하나님께선 그 생각이 싫으신 모양이었다. 남편에게 균형 잡힌 수표장 관리법에 대해 물어본다면, 아마 그걸 머리 위에 놓고 균형을 잡아 떨어뜨리지 않고 옮기는 것이라 대답할 것이다. 뭐 괜찮은 생각이지만, 다만 그 수표장 안에 든 빽빽한 글씨들이 의미하는 바가 무엇인지 도통 관심이 없다는 것이다. 남편은 수많은 일에 재능이 많다. 창조적이면서 마케팅의 천재이기도 하다. 하지만 사무실에서의 일? 사무실에서 일할 수 있는 은사는 단, 1%도 받지 못했나 보다.

그래서 우리는 팻을 불렀다. 우리는 그녀에게 내쉬빌로 와서 우리 사무실을 지켜 주지 않겠느냐고 부탁했다. 우린 정말 간절히 부탁했다. 팻의 남편은 몇 년 전 다른 여자에게로 가 버렸다. 팻에게 네 아이들 양육이라는 짐을 남겨 두고 떠나버린 것이다. 이제 그녀는 다 큰 자녀들과 같은 마을에서 살며 사랑스런 손자들에 둘러싸여 있다. 그 뿐만 아니라 막 조그만 집을 사서 그녀가 좋아하는 것들로 가득 집 안을 장식한 상태였다(자, 여성으로서 우리는 이 "좋아하는 것들"이 얼마나 중요한 지 잘 알고 있지 않은가?).

이제 그녀에게 남은 단 한 가지 먹구름은 얼마 전 대체골 수술이 시원찮게 되어 끊임없는 통증을 안겨 주고 있는 슬개골 부위였다. 그런 모든 것에도 불구하고 남편과 나는 우리 요구를 한 발자국도 양보하지 않았다(하나님께서 각 사람에게 "민감함"의 은사를 나눠 주시던 바로 그때 배리와 나는 화장실에 다녀온 게 아닐까?).

팻의 대답은 정확히 내가 예상한 바였다. "기도해 볼게요. 하나님께서 '그래라!'고 하신다면 가겠습니다. 떠나기 전에 무릎 수술을 해야 할 것 같아요. 하지만 갈 수 있을 거예요."

나는 그녀에게 자녀들에게도 이 일을 두고 기도해 주도록 부탁했다. 만약 우리 어머니가 나와 같은 동네에 사시는데 어떤 사람이 몇백 마일 떨어진 곳으로 어머니를 데려가려고 한다면, 난 엑스 락스같은 독극물이라도 한 통 싸서 배달시켰을 것이다. 할머니란 존재는 신뢰할 수 있는 말상대일 뿐만 아니라 아주 유능한 베이비시터이기도 하기 때문이다.

며칠이 지나 팻에게서 전화가 왔다. "가겠어요. 우리 아이들 모두 그게 좋을 것 같다고 찬성해 줬어요. 부활절 다음주에 가고 싶지만 수술을 받으려면 6월까지 기다려야 하거든요. 그러니 7월 혹은 8월이 될 것 같군요."

배리와 나는 뛸 듯이 기뻤다! 하지만 하나님께서는 더욱 놀라운 일을 준비해 두고 계셨다.

바로 팻을 위한 선물이었다. "어디로 이끄시든 따라가겠습니다." 라고 선포하는 두려움 없는 마음에 대한 선물이었다.

일요일 밤, 남편 배리와 아들 크리스찬과 함께 캘리포니아의 산호세에서 있은 세미나에 참가하고 막 집에 돌아왔을 때였다. 팻에게서 연락을 달라는 메시지가 와 있었다. "나쁜 일이 아니었으면 좋겠는데." 다이얼을 돌리며 내가 말했다.

"안녕하세요, 팻. 잘 지내요?"

"잘 지내는 것 이상이에요!"

"무슨 일 있었어요?"

"교회의 작은 모임에 갔었어요. 유명한 인물이나 그런 사람들 오는 것 말고요. 그냥 기도 드리러 갔었는데… 실라, 하나님께서 내 무릎을 고쳐 주셨어요!"

"뭐라고요?" 난 놀라움에 소리를 질렀다(하나님께서 기적에 대한 믿음의 은사를 주실 때도 나는 화장실에 갔던 모양이다).

"그분께서 고치셨어요. 의사에게 가서 검사를 받아 봐야 하지만, 난 내가 완치됐다는 걸 알 수 있어요."

그녀는 곧 수많은 검사를 받았지만, 결국 의사는 차트에 "신의 섭리로 완치됨"이라는 문구를 적어 넣었다. 그래서 부활절을 지나 일주일 후에 팻이 도착했고, 우리 모두 축하를 했다.

내가 팻에 대해 좋아하는 수많은 것들 중 한 가지는 바로 그녀의 마음이 향하는 방향이다. 그녀는 기도의 응답을 받기도 했고 그렇지 못하기도 했다. 남편이 돌아오기를 몇 달이고 그렇게 기도했지만 이루어지지 않았다. 또한 재정적인 고통과 깨어진 꿈으로 고통을 당하기도 했다. 하지만 하나님과의 관계에 있어서만 대답은 항상 수년 전한 찬송 작시자가 지었던 구절과 똑같았다.

어디로 이끄시든 따라가겠네
항상 따라가겠네
매일 예수님을 따르겠네

언젠간 나도 팻이 가졌던 것과 같은 두려움 없는 사랑을 감당할 때까지 성장하고 싶다!

하나님께서는 지금 당신과 함께 하신다.
일이 잘 될 때나 그렇지 않을 때나.
응답 받은 기도와 깨어진 꿈들 가운데서도.
그분이 이끄신다면 따라가겠는가?

WOMEN OF FAITH

끊어진 진주 목걸이

~팻시 클레몬트

시어머니가 돌아가시면서 내게 목걸이 몇 개를 남겨 주셨는데, 그 중에는 아주 긴 진주 목걸이가 하나 있었다.

처음 그걸 목에 매고 강연 여행에 올랐었는데, 공항의 셔틀버스를 놓치지 않으려고 서둘러 호텔 로비를 달려 내리다가 목걸이가 그만 끊어지고 말았다. 사방 팔방으로 흩어지는 진주 알들을 보며 난 망연자실 서 있었다.

나는 스무 발짝 정도 떨어져 서 있던 벨 보이를 부르며, 이걸 다 모을 때까지 기다려 달라고 했다. 그가 나를 좀 도와주었으면 했지만 어쨌든 이것이 그의 일은 아니었으니까. 진주는 비록 비싸지는 않았지만 내가 사랑했던 사람의 소유물이었었기에 무엇과도 비교할 수 없는 값진 것이었다.

난 할 수 있는 한 많이 모아서 지갑에 넣어 집으로 가져왔다. 다시 연결할 수 있으리란 희망을 가지고서 말이다.

시어머니의 목걸이처럼, 나도 인생을 너무나 소모한 나머지 어느 한 순간에 무너져버리는 일이 있었다. 이리저리 튀어나간 진주 알들처럼 나의 감정도 벽에 부딪치고 흩어져 끈 끊어진 상태로 만들어 놓았다.

난 내가 왜 그렇게 감정적으로 연약하고 두려움이 많은지, 왜 내 주위 사람들이 내 부서진 조각들을 모아 다시 일어서게 해 주지 못하는 건지 이해하지 못했었다.

하지만 내가 배운 것이 무엇인지 아는가? 그들의 할 일이 아니었기 때문인 것과는 관련이 없었고 그들이 도와주지 않은 것이 아니었다. 그럴 수 없었기 때문이었다.

오직 예수님만이 진정한 구속자이시다. 그분만이 나와 당신의 인생 줄을 다시 이어 주실 수 있고, 우리가 잃어버린 것들을 회수하실 수 있으며, 우리의 가치를 되돌려주실 수 있는 분이신 것이다.

신약성서 안에서 우리는 진리를 구하는 자들, 잃어버려진 자들, 상한 자들, 잊혀진 자들, 걷지 못하는 자들, 회의론자들이 예수님 주위를 에워싼 모습을 기쁨으로 들여다볼 수 있다. 그들의 두려움과 흩어진 상태를 이해하신 주님께서는 복음을 들을 귀와 받아 안을 가슴을 가지고 나아오는 모든 자에게 진리와 목표, 온전함, 자비, 용서, 사랑, 그리고 자유함을 처방해 주셨다.

흥미롭게도 그분의 말씀을 가장 열정적으로 수용한 이들은 가장 더럽혀진 불구자들이었다(문둥병자, 절름발이, 애통하는 자들, 버려진 자들). 이 사실은 내가 그동안 생각해 오던 것을 확신시켜 준다. 고통, 실패, 굴욕, 거절, 한계 등 우리가 두려워하고 있는 것들이 궁극적으로 연민과 은총, 지혜, 이해 속에서 우리를 교육시키는 가장 훌륭한 선생님이 된다는 것이다.

나는 괴상한 감정들에 맞서 갈등하고 있는 사람들에게 큰 공감이 간다. 그게 얼마나 압도적이고 예측할 수 없는 것들인지 알고 있기 때문이다. 너무나 큰 힘으로 몰려오기 때문에 심지어 몸의 평안에도 영향을 미친다.

감정적으로 혼란스러웠던 시기에 나는 개가 벼룩을 못 참고 뒤트는 것보다 더 안절부절 못하게 보냈다. 하지만 벼룩은 잡을 수 있다. 반면 신경성 증후는 의사들이 머리를 긁적거릴 뿐만 아니라 손도 못 쓰고 환자에겐 절망만을 안겨줄 뿐이다.

두려움에서 솟아난 병이었기 때문에 나는 제한되고 숨막힌 생활 방식 속에서 살 수밖에 없었다.

광장공포증에 시달리며 살던 처음 몇 년 간은 나 스스로를 보호하기 위해 그 두려운 감정들을 살살 달래었다. 그 대신 그 응석받이 같은 행동은 문제를 더욱 크게 만들어서 어느 날 나는 목걸이에 진주가 몇 알밖에 남지 않았으며 그것들마저 잃을 위험에 처했음을 깨닫게 되었다.

난 이미 그리스도 안에 있는 사람이었지만 앞으로 살아남기 위해서는 새로운 단계에서 그분을 신뢰해야만 했다. 그것은 나의 두려움을 마주해야 하는 것이었다.

천천히 자유를 향해 나아가자. 그리스도께서는 나의 잃어버려지고 숨겨진 감정들을 함께 찾아 주셨다. 더할 수 없이 귀한 진주로 그분은 나의 목걸이를 다시 이어 주셨다. 또한 그분은 평화의 진주와 나의 괴로움을 바꾸셨고, 능력의 진주와 내 약함을 바꾸셨으며, 담대함의 진주로 나의 두려움을 교환해 가져가셨다.

나는 이 후렴 구절을 정말 좋아한다.
눈을 들어 예수를 바라보라.
그 귀하신 얼굴을 바라보라.
그분의 영광과 은혜의 빛 아래 이 세상 만사는 희미해진다.

친구들이여, 물론 우리의 두려움까지 모두 말이다. 우리가 은혜 안에서 자라는 동안 그것들은 그분의 임재 아래 시들어간다.

치유의 기간 동안, 그분이 내게 쏟으시는 끝없는 사랑 때문에 내가 그분께 귀한 자녀가 된다는 것을 배웠다.

하나님께서는 당신에 대해서도 그렇게 생각하신다! 그러므로 당신이 지금 얼마나 무너진 느낌을 가지고 있든 지간에, 또는 진주를 얼마나 많이 잃었든 간에, 그분은 당신을 들어올려 품에 안으시고 당신의 모든 두려움을 잠재워 주시길 바라고 계신다.

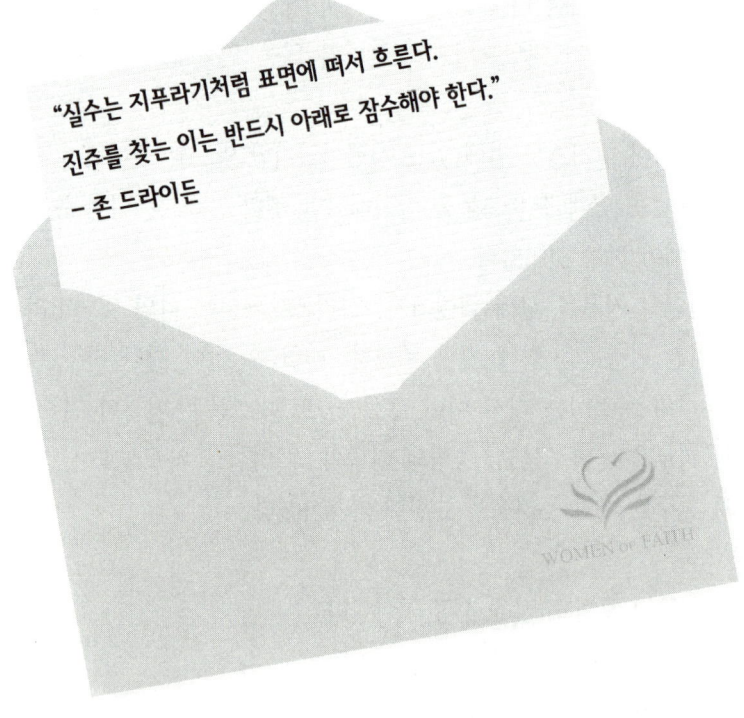

"실수는 지푸라기처럼 표면에 떠서 흐른다.
진주를 찾는 이는 반드시 아래로 잠수해야 한다."
- 존 드라이든

"그분은 그런 점이 좋아요"

~ 마릴린 미버그

지난 여름 나는 외손자 녀석 둘과 그 애들 엄마(내 딸 베스)와 함께 도시 공원에 놀러갔다. 나는 두 살된 알렉을 무릎에 태우고 그네를 타고 있었지만, 속으로는 그 누구와도, 어디서도, 언제라도 그네를 타서는 안 된다는 것을 잘 알고 있었다. 그네, 차, 비행기 등등, 움직이는 거라면 거의 모두 구역질이 났다(난 여행 중의 천덕꾸러기로 유명하다).

끊임없이 앞뒤로 왔다갔다하는 움직임이 정말 싫었지만 그만 탈 수가 없었다. 순전히 알렉이 누리고 있는 기쁨 때문이었다. 할머니의 무릎, 얼굴에 와 닿는 부드러운 바람, 할머니가 잡아주고 있는 한 절대 떨어질 리 없다는 안도감… 그 애는 내가 자기를 거의 놓아버릴 만큼 신경이 날카로워져 있다는 것을 전혀 모르고 있었다.

나를 덮쳐오는 현실적인 문제에 굴복하여 나는 결국 그네를 멈추고 알렉을 똑바로 세운 후 나도 그렇게 서려고 애썼다. 나무 밑의 잔디로 가서 거의 무너질 듯 앉자 알렉은 내 앞에서 두 무릎을 꿇고 내 얼굴을 들여다보며 물었다. "할머니, 기분이 안 좋아요?"

"기분이 안 좋은 게 아니란다. 아가야. 그네를 잘 못 타서 그래."

알렉은 골똘히 생각하는 것 같았다. 이윽고 말하기를 "타는 법을

잊어버렸어요?'

　나이와 기억력의 손실을 은근히 놀리는 듯한 이 말을 조금 혼내주려고 나는 알렉에게 말해 주었다. 그네 탈 줄은 알지만 타고 놀기를 좋아하지 않는 거라고(진짜 이유인 구역질에 대한 얘기를 꺼내는 건 전혀 신중해 뵈지 않았으니까). 그네 타기를 싫어한다는 사실이 알렉에겐 상당히 신기하게 비쳐졌나 보다. 하지만 알렉은 곧 만족스런 해석을 내린 게 분명했다. 그 애는 미끄럼틀로 가서는 형 이안에게 공표했다. "할머니가 무서우시데."

　"왜?" 이안이 물었다.

　"그네를 못 타신 대!" 알렉은 조금의 동정심도 없이 말해 버렸다.

　감수성이 풍부한 아이인 이안은 내 쪽으로 와서 내 옆 잔디에 앉았다. 동생과는 좀 다른 방식으로 접근한 외손자는 내게 그네 타기가 무섭냐고, 그래서 잔디에 앉아 있냐고 물었다. 내 기억으로는 이안이 처음 그네 근처에 가게 되었을 때가 적어도 18개월은 되어 있었다. 무슨 이유였는지 그 애는 그네를 정말 무서워했다. 자기가 어렸을 때 겪었던 두려움을 나도 겪고 있는 것이라 생각했는지, 이안은 예수님께서 날 도와주실 수 있을 거라 생각하느냐고 물었다.

　그 질문을 받고 나는 즉시 신학적 곤경에 처했다. 그렇다고 말을 하면 곧장 그네 위로 끌려 올라가 그 믿음을 증명해야 할 것 같고, 아니라고 말을 하면 하나님께서는 이런저런 큰 일은 도와주시지만 사소한 일(그네타기 같은)들은 도와주시지 않을 때도 있다는 식으로 아이에게 그분을 한정시켜 설명하게 될 것 같았다. 그 큰 일이란 건 얼마나 큰 일이어야 하고, 그을 선(기준)이란 게 있기는 한가? 제발 자비를!

　그러나 순간적으로 멋진 대답이 떠올랐다. 이 신학적 곤경에서 날 충분히 끌어올려줄 만한 대답이었다. "예수님은 지금도 날 도와주고 계신단다 우리가 여기 잔디 위에 앉아 있는 이 순간도 말이야."

이안의 조그만 얼굴이 펴지더니 입을 열었다. "그래요. 나도 예수님의 그런 점이 좋아요."

몇 달 전에 외손자 이안과 알렉 그리고 그 애들 부모(내 딸 베스와 사위 스티브)가 내가 사는 캘리포니아 팸 데저트로 이사를 왔다. 우리 집과는 딱 5분 거리였다(교차로에서 신호등을 한번 놓친다면 8분).

지난주 이언과 나는 우리 집 뒤뜰 테라스에 앉아서 골프 코스를 내다보며 잡담을 나누고 있었다. 왜 그 애 엄마가 자기 보호 없이도 이안을 풀에서 수영할 수 있도록 허락해 주어야 하는 가에서부터, 왜 자기는 젖병보다 롤 캔디를 더 좋아하는가 등등에 대해서… 그 애는 또 내게 자기 이빨에 대해 걱정하지 말라고도 했다. 그리고 "어쨌든 또 새로 돋아날 거니까요"라고 하면서 말이다.

이런 대화가 한창 오고갈 때였다. 여기서 별로 멀지 않은 내가 몇 주 전에 봐두었던 새 둥지에서 갑작스레 미친 듯한 짹짹임과 날개 치는 소리가 들려 왔다. 나는 특히 이 둥지를 기억하고 있었다. 정원사들이 이 둥지가 위치하고 있는 관목을 가지치기하는 것을 봤었기 때문이다. 그들은 덤불을 조심스레 다듬고, 한쪽으로 삐져 나온 비대칭적인 나뭇가지들만 남겨놓고 있었다. 그것은 그 안에 둥지를 튼 자그마한 새집을 겁주지 않으려는 의도였다. 그 정원사들 대신으로 이 시력 나쁜 눈으로 본 바를 말하자면, 그것은 사실 그들의 마음에서 우러나온 감수성 짙은 배려였다. 나는 가지치기를 한 이후부터 이 조그만 거주자들이 힘차게 오고가는 모습을 계속 지켜보아 왔다.

새들을 깜짝 놀라게 한 것은 잘못 겨냥해 휘두른 골프 공이었다. 그것은 덤불을 스치고 날아가 몇 피트 앞에 있는 오리 연못에 풍덩 빠졌다. 새 몇 마리가 툴툴대는 불평을 제외하곤 공을 친 골퍼를 포함해서 모두가 곧 진정했다.

이안은 작은 새들의 둥지 이야기를 아주 재미있게 들었으며, 골프 공에 새들이 놀랐다는 사실이 못내 마음 아픈 모양이었다. 영적인 영향을 줄 수 있는 할머니가 될 가능성이 보여서, 나는 약간의 설교 비슷한 것을 하기로 작정했다. 나는 손자의 기억을 되살려 보았다. 예전에 내가 말한 그네에 대한 두려움과 예수님께서 그 두려움을 이기도록 도와주실 수 있을 거라 생각하느냐는 질문… 이안은 기억이 나지 않는 것 같아 보였다. 그래서 나는 다시 현재로 돌아와서는 예수님께서는 두려워하는 자들을 누구나 돌보시는 좋은 분이라고 말해 주었다(할머니들뿐만 아니라 새들도 마찬가지로).

이안은 다시 롤 캔디, 수영장 얘기를 꺼냈고, 새로운 화제도 하나 입에 올렸다. 친구의 아기 동생 이야기였다. 이안이나 그 친구나 그 아기를 재미없다고 생각하고 있는 게 분명했다. '영적인 영향을 끼치는 할머니가 되기 정말 어렵군' 하고 생각하며, 나는 그 아기가 트럭도 싫어한다니 하며 이안의 말에 맞장구를 쳐주었다.

며칠이 지난 후, 나는 애들 집에 잠깐 들러서 안부 인사를 하고 롤 캔디가 가득 든 봉지를 건넸다. 차에 타려고 걷고 있는데 이안이 달려오더니 내 손을 잡고 말했다. "할머니! 할머니 집에서 예수님과 새에 대해서 말했던 거 기억나세요?"

"그럼, 기억하지." 난 정성스레 대답했다.

"음, 있잖아요… 나도 예수님의 그런 점이 좋아요."

몇 분 후 집에 도착해 베란다에 놓인 내가 가장 좋아하는 의자에 앉아서 더없이 상쾌한 이른 아침 풀 향기를 맡으며 새 둥지가 있는 덤불을 바라보고 있으려니까, 하나님의 온유하신 사랑에 빠져들어 가는 것을 느낄 수가 있었다. 시편 50편 11절은 이렇게 쓰고 있다. "산의 새들도 나의 아는 것이며 들의 짐승도 내 것임이로다"

분주한 덤불 속 생활을 엿보면서 나는 생각했다. '저 새들은 하나님께서 자기들을 창조하셨다는 사실조차 모르고 있겠지. 그들 안에서 기뻐하시고 모든 것을 제공해 주시는 이는 하나님 바로 그분이신데…. 저 새들은 두려워할 필요가 없는 거야.'

이런 생각을 하면서 나는 예수님께서 마태복음 6장 26절에서 말씀하신 더욱 달콤한 언약을 되새겼다. "공중의 새를 보라 심지도 않고 거두지도 않고 창고에 모아들이지도 아니하되 너희 천부께서 기르시나니 너희는 이것들보다 귀하지 아니하냐?"

아, 그렇습니다. 나는 의자 깊숙이 몸을 묻으며 생각했다. '난 예수님의 그런 점이 좋아요.'

"우리 아버지의 사랑은
우리가 전형적으로 상상하는 것보다
훨씬 깊고 또 넓다." - 더들리 J. 델프스
그분은 그런 점이 좋다니까!

WOMEN OF FAITH

주술사

~ 셀마 웰스

"어느 멋진 교제"에서 루시는 지난 2월 월드비전에서 주최한 "가나의 원주민 돕기 행사 여행"에 대해 말한 적이 있다. 월드비전을 통해 후원하기로 한 가족과 만나 막 인사를 끝냈을 때, 통역인인 세실리아가 이곳 주술사의 신전을 방문해 보겠느냐고 의사를 물어왔다.

주술사? 약간은 두려운 마음이 들었다. 주술사가 뭐지? 마귀 숭배자를 말하는 건가? 우릴 해치려고 들면 어쩌지? 속으로는 이런 질문들이 마구 떠올랐지만 겉으로는 간단하게 "그러지요." 라고 대답했다.

월드비전이 맺어준 나의 새 "가족"인 찰스 부부와 세 아이들은 그리스도인들이었다. 그들은 비교할 수 없는 이름, 예수님을 믿고 있었다. 하지만 찰스의 아버지는 그렇지 않았다. 이 마을의 추장이자 이곳 거주자 대부분이 조상 대대로 믿고 있는 종교의 주술사였던 것이다.

그들은 동물의 영혼이나 그 외 조상의 넋이 주문을 걸거나 마법을 부릴 수 있다고 믿고 있었다. 동물로 제사를 드려 그 넋에게 능력을 보태 마을을 도와줄 것을 기원했다. 간단히 말해서, 우상 숭배자들이었다.

세실리아는 말하기를, 아들이 고대 종교를 따르지 않고 그리스도인이 된 것에 대해 주술사가 무척 화를 내고 있다고 했다. 찰스가 예수님을 영접했을 때 아버지는 아들에게 경멸의 태도로 대했다. 사실 마을 사람들은 1년 전에 찰스가 시력을 잃은 것이 주술사가 아들을 고대 종교로 다시 돌아오도록 하기 위해 마법을 걸었기 때문이라 생각하고 있었다.

신전으로 향하는 붉은 진흙 길을 걸으며, 나는 정말 아무런 두려움도 느끼지 않았다. 예수님의 보혈이 우리를 덮어 보호해 주시기를 마음 속으로 기도했을 뿐이다. 신전 마당에는 뼈와 마른 핏자국, 불쾌한 냄새, 그 외 동물로 제사를 지냈음을 알 수 있는 증거들이 여기저기 널려 있었다.

휴우! 세실리아는 무서워서 어쩔 줄 모르는 것 같았다. 덜덜 떨고 있었으며 목소리도 떨리고 두 눈은 동그래져 있었다. 나는 그저 신전으로 올라가 창조주 여호와와 구주 예수 그리스도의 이름으로 주술사에게 정중한 예를 표했다. 그 마을 주민들에게 외교 의례는 매우 중요했기 때문이었고, 그 주술사는 추장이며, 찰스의 아버지란 것도 잘 알고 있어서였다.

놀라웠던 것은 예수 그리스도가 인류의 죄를 대속하시려 갈보리 언덕에서 죽임 당하신 유월절 양이 되셨기에 우리는 이제 동물로 피의 희생 제사를 지낼 필요가 없다는 복음을 전하면서 나는 아무런 제지하는 힘도 느낄 수 없었다.

나는 찰스의 아버지에게 예수님의 머리에 박힌 가시로 인해 그분이 흘리신 피는 바로 주술사 당신을 위한 것이라고 말해 주었다. 그리스도의 손에 박힌 못에서 떨어지던 피도 당신을 위해 흘리신 것이라고 말해 주었다. 예수님의 발에 대못이 박히며 쏟아진 피가 우리 모두를 위한 것이었기에 우리는 도움을 받기 위해 동물의 피에 의존할 필요가 다시는 없음을 말해 주었다.

세실리아가 너무 떨고 있었기 때문에 나는 그녀가 정말 내 말을 잘 전하고 있는 것인지 염려가 되었다. 하지만 주술사는 분명 주의 깊게 듣고 있었다. 그가 영어를 알아듣고 있는 건 아닌지 궁금할 정도였다. 내가 하는 말을 아주 정확히 이해하는 듯이 보였기 때문이다.

나는 주술사에게 인생에서 가장 원하는 게 무엇이냐고 물었다. 그는 "평화를 원하오. 장님이 된 내 아들이 걱정되오. 그 아이를 걱정하느라 밤에 잠도 오지 않아요."

평화. 그게 바로 우리 모두 원하는 바가 아닌가? 나는 그런 생각이 들었다.

이렇게 대답해 주었다. "평화의 왕이신 예수 그리스도께서 여기 계시니 바로 이 순간부터 당신은 평화로울 수 있습니다. 당신에게 평화를 주시려고 그분이 그 귀중한 피를 흘리셨습니다. 이 순간 그분을 당신의 구주로 영접하시면 그분이 당신의 마음 속에 평화를 주실 것임을 약속합니다. 찰스가 이제 평화 속에서 잠을 청할 수 있는 것처럼 당신도 아들에 대한 걱정 없이 편히 몸을 쉴 수 있을 것입니다. 저는 당신의 아들과 며느리가 보여 주는 것처럼 위대한 믿음은 본 적이 없습니다. 평화를 약속하시는 예수님을 영접하시겠습니까?"

나는 세실리아가 통역을 마칠 때까지 기다렸다. 주술사는 고개를 끄덕였지만 영접의 뜻은 비치지 않았다. 나는 그에게 도전을 주었다. "오늘 영접하지 못하시겠다면, 만약 찰스가 시력을 되찾게 된다면 그것으로 예수님께서 살아 계신다는 증거로 여기고 영접하시겠다고 약속하시겠어요?"

그는 십자 표시를 했다. 나는 그것을 응낙의 뜻으로 받아들였다.

그 시간에 루시는 마을 어린이들을 모아놓고 "예수 사랑하심은" 찬송을 가르치고 있었다. 월드비전 사람 한 명이 루시에게 말하기를, 지금 어린이들이 앉아서 노래 부르고 있는 저 나무는 악한 나무라고 말해 주었다. "믿음의여성협회" 단체의 대표인 스티브 오터본은 이렇게 받아쳤다.

"저들이 악이라고 부르는 것을 하나님께서는 선이라고 부르시는군요."

그랬다. 우리는 사단의 구역에 들어와 있었다. 하지만 두려움은 없었다. 하나님을 향한 사랑과 신뢰가 그 굳건함으로 잘 드러나고 있었다. 우리를 향한 그분의 사랑은 안전한 보호하심으로 나타나고 있었다. 그러므로 우리는 마을 주민에 대한 사랑을 보일 수 있었고 그리스도를 나타낼 능력을 담대함 속에 경험할 수 있었다.

나는 하나님께서 적절한 의료진을 통해서든 아니면 기적을 통해서든 찰스의 시력을 고치실 것을 굳게 믿고 있었다. 하나님께서 그 듀아보네 마을 모든 사람을, 특히 찰스의 아버지인 주술사를 부르고 계심을 강력히 믿었던 것이다.

하나님께서는 정말로 치밀하시다. 그분의 타이밍은 완벽 그 자체이다. 바로 그날 아침 2000년 2월 26일 금요일, 나는 일기장에 기도를 적어 넣었다.

주님, 오늘이 바로 그 마을에 들어가서 가족 부양 프로젝트의 한 부분인 가족들을 방문하는 날입니다. 어제 저녁식사 자리에서 저는 다섯 명이 장님 아버지를 모시고 사는 한 가족을 돌볼 책임을 수락했습니다.

주님, 오늘은 주님께서 저를 통해 빛을 비추실 날입니다. 주님, 제게 할 말을 하게 하시고, 정확한 표현을 찾을 수 있게 하시고, 당신의 말씀을 적절히 해석할 수 있도록 힘 주시옵소서. 그리고 그 말씀이 가족들 가슴에 와 닿게 하소서.

여호와 우리 주님, 주의 이름이 온 땅에 어찌 그리 아름다운지요! 온 맘과 정성 다하여 주를 높여 드립니다. 내 어머니의 나라에서 이렇게 당신을 섬길 기회를 주심을 감사 드립니다.

주님, 제가 이 대륙에 대해 진정 느끼는 애정을, 이 경험을, 이 기회를, 이 소망을 잘 표현할 수 있도록 도와주시옵소서. 이 땅에 사랑이 충만하도록 도와주옵소서.

주님, 당신의 보혈로 저를 덮어 주십시오. 질병과 해충과 청결하지 못한 음식과 오염된 물과 온갖 종류의 병과 상처와 상해와 위험으로부터 우리 모두를 지켜 주십시오. 아버지여, 예수님의 이름으로 마술과 미신, 밀교, 점, 음주, 애니미즘, 다신과 마귀 숭배를 물리칠 수 있도록 도와주시옵소서.

모든 이름 위에 뛰어나신 예수님의 보혈에 의지합니다. 그 무엇과도 비교할 수 없는 주의 보혈이 오늘 우리와 함께 합니다. 나 자신은 없애시고 당신으로 채워 주시옵소서. 아멘.

하나님께서는 그렇게 하셨다! 두려움의 마음이 지배할 수도 있었던 곳을 사랑의 마음으로 가득 채워 주신 것이었다.

두려움 없는 사랑을 실천하기 위해 아프리카로 가서 주술사를 맞대적 할 필요는 당연히 없다.

지금 이 순간 여러분은 무서운 상황을 마음 속으로 두려워하며 감내하고 있을지 모른다. 하지만 하나님께서 우리에게 주신 것은 두려워하는 마음이 아니다. "…오직 능력과 사랑과 근신하는 마음"(딤후 1:7)인 것이다. 자, 요한일서 4장 18절을 읽고 또 읽어보자. "사랑 안에 두려움이 없고 온전한 사랑이 두려움을 내어쫓나니…"

그런 후에, 나의 사랑하는 자매들이여, 두려움 없는 사랑을 품고 담대히 전진하자.

믿음이 왜소해지고 소망이 있는가 생각될 때,

사랑이 모든 것을 구한다.

우리는 두려움 속에 살 필요가 없다.

하나님의 사랑은 완전하시기에.

WOMEN OF FAITH

나를 긍휼히 여기시는 하나님

~ 루시 스윈돌

"테러리스트" 라는 단어처럼 사람을 안절부절못하게 만드는 말도 별로 없는 것 같다. 특히 테러리스트처럼 보이는 사람과 비행기 통로를 사이에 두고 앉아 있다고 생각하면 말이다.

나는 뉴욕에서 마이애미행 비행기를 타고, 다행스럽게도 열 넷째 열에 앉아서 좋은 책과 커피 한 잔을 준비하고 있었다. 이어폰을 낀 그 사람을 본 것은 그때였다. 그는 반대쪽에 앉아서, 그가 허리에 차고 있는 라디오를 꺼 달라는 승무원들의 요구에 무관심했을 뿐만 아니라 음악의 박자에 맞추어 맥주를 벌컥벌컥 잘도 들이마셨다. 그리고 그는 머리카락을 얼굴 뒤쪽으로 마구 넘겨댔다. 저런!

비행기는 이륙하기 시작했다. 눈을 감고 아무런 고통도 느끼지 못하는 듯 열 셋째 열에 앉아 있는 그 비쩍 마른 지저분한 남자를 제외한 근처에 있던 모든 사람이 의심스런 눈길을 주고받기 시작했다는 것을 인정해야만 할 것 같다. 수염이 더부룩한 그의 모습을 보고 있으려니, 너무 늦게 일어나 면도를 못했든가, 혹은 한 시간도 되기 전 면도날로 애인의 목을 베느라 날이 무뎌졌든가 둘 중의 하나라는 생각이 들었다. 나는 두 번째라고 결론을 내렸다.

한참 비행하고 있을 때, 두 번째 승무원이 다가가 그 남자, 해리 다이서에게 라디오 볼륨을 낮추어 달라고 다시 한번 정중히 말했지만 소용이 없었다. 그는 전혀 말을 듣지 않았고, 바보들을 가득 실은 이 작은 운명의 비행기는 불안에 떨며 갈 길을 재촉했다.

식사가 제공되었지만 그는 물리쳤다. 대신 맥주를 달라고 해서 우리가 식사하는 동안 꿀꺽거리며 들이 마셨다. 한 잔을 더 부탁해서 또 들이켰다. 이런, 이제 수군대던 눈빛들은 거침없고 노골적인 응시로 변해갔다.

바로 이때(비행한 지 사십 분쯤 지났을 때), 이제 저 인간이 수류탄을 꺼내어 우리를 공중 분해 시킬 것이 틀림없다고 생각하고 있을 바로 그때, 수석 승무원인 듯한 키가 크고 아름다운 금발머리 스튜어디스가 그 테러리스트 해리에게 가더니 조용히, 하지만 밝은 미소를 띠며 묻는 것이었다. "선생님, 잠깐 이어폰을 벗어 주실 수 있을까요? 잠깐 여쭤볼 것이 있습니다."

갑자기 긴장이 풀린 듯 그는 바보처럼 시키는 대로 했고, 그와 동시에 손님들이 들고 있던 책과 신문 등이 무릎으로 제각기 소리를 내며 떨어졌다. 우리는 최면술에라도 걸린 듯 이 장면을 보고 들었다.

"잡수실 것을 좀 가져다 드릴까요? 탑승하신 후 맥주밖에 드신 것이 없더군요. 굉장히 시장하실 것 같아서요."

"지금이 물 위요?"

"다시 한번 말씀해 주시겠어요?"

"물 위… 이 비행기가 물 위를 날고 있냐고요."

조용한 확신 속에 그 승무원은 대답했다. "그렇습니다. 해안에서 약 160Km 떨어진 대서양 항공을 날고 있습니다."

"비행기에 구명대가 있소?"

"네, 각 좌석 아래에 비치되어 있죠." 그녀는 그를 똑바로 바라보며 미소지었다.

물론 구명대가 있지, 이 멍청이 같으니. 네게 생각할 머리가 있었다면 그 바보 같은 이어폰을 벗고 방송을 들었을 테고 그 사실을 알았을 텐데. 하지만 맥주와 바보 같은 생각에 젖어 그럴 여유가 없었겠지.

난 나름대로 생각해 나갔다.

"사용법을 가르쳐 주시오." 테러리스트 해리가 요청했다.

그러자 여승무원은 그에게 일어나 달라고 부탁하고는 경탄스러울 정도의 침착함과 평온함을 유지하며 의자 밑에서 구명대를 꺼내어 포장을 벗고 착용하고는 공기를 불어넣었다. 그렇게 하는 동안에도 그녀는 정말로 침착하게, 비상 사태가 일어났을 시에 어떻게 해야 하는가를 설명하고 있었다.

"한번 착용해 보시겠습니까?" 그녀가 권했다.

(잠깐만 끼여들겠다. 비행기 안은 그야말로 핀 하나 떨어지는 소리도 들릴 듯 했다. 엔진이 웅웅대는 소리 가운데서도! 모든 시선과 마음과 생각과 내장(!)이 통로에 서 있는 이 안 어울리는 한 쌍에 못 박혀 있었다. 이제 죽음이 가까이 왔음을 나는 깨달았다.)

그때였다. 라디오와 맥주와 허세로 가득 찬 이 남자는 머뭇거리며 대답했다. "아뇨, 고맙소. 그럴 필요는 없어요. 이제 어떻게 입는 건지 알았으니까. 믿지 않겠지만, 난 일생에 한번도 비행을 해본 적이 없어요. 비행기에 타기는커녕 비행기 가까이 가 본적조차 없어서 무서워서 죽을 것 같았소. 만약 추락할 경우에 어떻게 하면 되는지 알고 싶었을 뿐이오."

뭐라고??? 그거였나? 겨우 그거였단 말인가!??? 맙소사, 당신이 찍은 희생자들 중 누구라도 기꺼이 손을 잡아 줬을 텐데, 이 양반아. 왜 그저 "무서워요!" 라고 말하고 보통 사람처럼 행동하지 못했지?

"그러셨군요." 우리의 영웅인 여승무원이 대답했다. "두려움은 아주 자연스런 감정이죠. 많은 사람들이 비행을 무서워해요. 자, 물건을 챙기시고 비행기 뒤칸으로 자리를 옮기지 않으시겠어요? 저녁을 드실 동안 함께 있어 드리지요." 그렇게 그들은 자리를 옮겼다.

이 일이 있은 지 벌써 8년이 지났지만 나는 도저히 잊혀지지 않았다. 앞으로도 그럴 것이다. 그 여승무원에 대해 난 아는 것이 전혀 없다. 이름조차도 기억나지 않는다. 그러나 그 무례하고 오만한 한 승객에게 보여준 친절하고도 용감한 행동으로 해서 그녀는 내게 평생 지울 수 없는 인상을 남겼다. 무서운 외양을 한 낯선 사람을 볼 때마다 나는 그녀를 떠올린다. 위태로운 상황에서 그녀는 두려움 없는 사랑을 보여 주었다. 그녀는 그 비행기의 다른 탑승객이 아는 정도밖에 그 남자에 대해 아는 게 없었을 텐데도, 지휘를 맡고 있었기에 맡은 역할을 다한 것이다. 그것도 아주 사랑스럽게.

나는 이것이 사랑을 표현하는 가장 어렵고도 또 가장 도전적인 방법 중의 하나라는 것을 믿는다. 나를 위한 것이다. 내가 가지고 있지 못한 용기를 필요로 하는 것이다. 이것은 내면 어딘가에 숨겨져 있는 힘과 담대함 위에 세워져서, 가장 기대하지 않았던 순간에 표면으로 치올라 오는 것이다. 바로 시험받는 시간이다. 그리고 그것이 효과를 발휘하는 이유가 바로 아래 있다.

…주는 나의 산성이시며 나의 환난 날에 피난처심이니이다 나의 힘이시여 내가 주께 찬송하오리니 하나님은 나의 산성이시며 나를 긍휼히 여기시는 하나님이심이니이다(시 59 : 16-17)

그렇다… 마지막의 네 단어, "나를 긍휼히 여기시는 하나님." 당신은 그런 사랑을 굳이 준비할 필요가 없다. 그건 하나님의 사랑이다. 그분이 바로 하나님이시다. 그것이 바로 두렵지 않은 이유인 것이다.

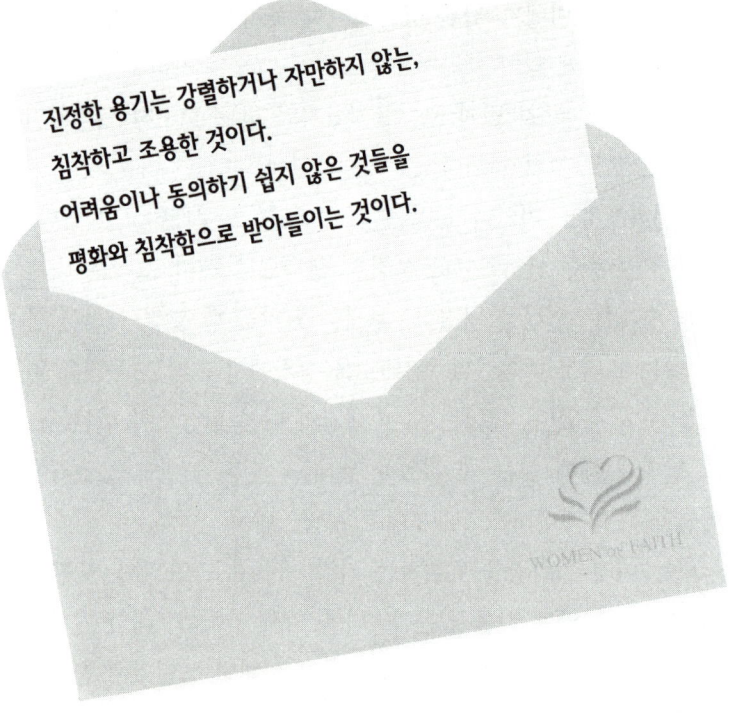

진정한 용기는 강렬하거나 자만하지 않는,
침착하고 조용한 것이다.
어려움이나 동의하기 쉽지 않은 것들을
평화와 침착함으로 받아들이는 것이다.

삶의 운동장에서

~ 실라 왈수1

다시금 주일이 되었다. 남편인 배리와 나는 서로 쳐다보았다.

우리 둘 중에 하나가 아프진 않나?

그 병이 전염성이 있음 좋을 텐데!

불행히도 우리 부부 둘 다 아주 건강해 보였다. 가야만 하는 것이다. 저번 주에 우편함에서 작은 알림 엽서를 받았다. 그분들은 이 일을 아주 재밌게 보이게 하려고 애썼다. 마치 스케일링을 한 지 벌써 육 개월이 지났음을 통지하려고 치과에서 날아오는 카드처럼. 이제 잇몸이 막 나아지려는 참인데! 하지만 그 엽서에는 무섭도록 하얀 치아를 짜증나도록 드러낸 행복한 얼굴이 "어서 오세요!" 라고 말하고 있는 것이다.

이 엽서는 우리 교회에서 온 것이었다. 거기에는 기분 좋게 생긴 자그마한 조각 그림 맞추기 퍼즐이 있었는데, 그리스도의 몸에 달린 지체로서 우리 모두는 그 그림을 완전하게 만들기 위해 각자의 역할을 가지고 있다고 일깨워 주고 있었다. 이제 우리 부부가 교회 유아원에서 아이들을 돌볼 차례가 온 것이었다. 소리지르고 뛰고 싸우는 세 살 짜리 아이들 열 셋을 - 우리 아이도 포함해서.

나는 아침식사를 성대하게 차렸다. 마치 마라톤 경주에 나가는 선수나 걸프전에서 곧 싸우러 나갈 병사들에게나 어울릴 듯한 음식들을! 그리고 비타민도 먹었다. 옷에는 섬유보호제 스프레이를 뿌렸다. 우리는 고개를 빳빳이 들고 집을 나섰다. 방을 정돈하려고 우리는 일찍 들어갔고, 테이블에 놓여 있는 두 장짜리 지시사항을 읽어 내려갔다.

8시 30분까지는 도착 요망!
    아이들은 8시 45분부터 들어오기 시작합니다.
아이들이 놀 수 있도록 놀이용 찰흙을 탁자 위에 올려 두세요.
바닥에 장난감 트럭 등 장난감을 흩어 놓으세요.
10시에는 아이들에게 화장실을 갈 수 있도록 해 주세요.
    기저귀를 차고 있는 아이가 있다면 갈아 주세요.
간식을 먹기 전에 손을 씻도록 도와주세요.
    아이 한 명당 과자 두 개와 사과주스입니다
    (배리와 나는 몇 개나 먹을 수 있는지는 쓰여 있지 않았다).
햇살이 따스하다면 밖에 나가서 놀게 해도 좋습니다
    (주여, 제발 그렇게 해 주세요!).
주일학교 선생님이 열한 시에 도착하실 겁니다. 할 수 있는 한
    그분을 도와 드리세요(떠나는 게 도와주는 일 아닐까?).
정오가 되기 전에 부모님들이 아이들을 챙기실 겁니다.
방을 청소하세요.
하나님과 우리 교회를 섬겨 주셔서 감사합니다.
댁으로 가셔서 쓰러지세요(이건 내가 덧붙인 것이다).

아이들이 쏟아져 들어오기 시작했다. 미소 짓는 얼굴들, 울어서 불

그레해진 얼굴들…, 배리는 플레이 도우 찰흙을 가지고 악어를 만들려고 하는 한 사내아이를 도와주려고 했지만, 아이는 별로 감동하는 것 같지 않았다. 그 아이가 무슨 생각을 하고 있는지 난 정확히 알 것 같았다 : 그건 악어하고 조금도 안 닮았어요. 꼬리 달린 양탄자같이 보이는 걸.

나는 엄마를 찾는 어린 여자아이를 안아 들고, 머리에 늘 양말을 쓰고 다니는 프랭크라는 고양이 얘기를 해 주었다. 아이는 꽤 재미있어하는 것 같았고, 내 스웨터에다가 코를 닦았다.

크리스챤이 내게 달려왔다.

"엄마, 저 애가 '바보'라고 했어요."

"저런, 그럼 못써."

"뭐라고 좀 해 줘요, 엄마."

"애야, 엄마가 직접 못 들었잖니."

"나는 들었다고요!"

"그래, 안단다. 자, 우리 모두 밖에 나가서 미끄럼틀 타는 게 어떻겠니?"

"그럼, 나도 '바보야'라고 말해도 돼요?"

"안돼."

"왜요?"

"엄마가 나쁘다고 했잖니."

"참 바보 같네!"

우리 모두 밖에 나가서 놀았다. 배리와 나는 서로를 향한 상호 동정의 마음으로 처량하게 바라보았다. 다른 학급 아이들도 나와서 우리와 어울렸다. 그 아이들은 "큰오빠, 언니들" - 바로 네 살 짜리 아이들이었다. 나는 남편에게 우리 반 아이들을 세어 봤는지 물었다. "아니."

우린 겁에 질렸다. 한 명이라도 잃어버리면 어쩐담? 나는 교실로 뛰어들어가 출석부에 표시된 이름들을 세었다. 열 세 명. 나는 운동장으로 달려나가 남편에게 놀이 시간이 끝났을 때 열 세 명이 맞는 한 걱정 없을 거라고 말했다. 그러자 그는 애가 바뀌면? 하고 물었다.

그때 나는 브라스 밴드나 낮게 나는 제트기 엔진 소리처럼 굉장한 울음소리를 듣게 되었다. 크리스챤이 울고 있었다. 나는 아이에게 달려갔다.

"무슨 일이니, 애야?" 아이의 아랫입술이 바르르 떨리고, 한동안 말을 못 했다. 나는 그 애를 안아 들고 얼렀다.

"저 형들이 나하고 같이 놀지 않겠대요. 내가 아기래요."

눈물이 아이 뺨을 타고 흘러내렸고, 아이 눈에 맺힌 표정은 그야말로 내겐 고통이었다. 그건, 난 저기 어울리지 않아, 난 끼지 못해, 날 싫어하는 거야, 난 무서워 - 이것이었다.

누구나 나이를 얼마나 먹었건 간에 우리는 모두 그런 순간을 마주할 때가 있다. 그렇지 않은가? 우리 모두 받아들여지고 싶어하지만 그렇지 못할 때가 너무나 많다. 어쩌면 그것이 우리가 그렇게 방어적으로 변하고, 또 두려움을 느끼기 보단 화를 내거나 거친 척 하게 되는 이유일지도 모른다.

내가 아는 단 한 가지 진실이 있다 : 하나님께서는 결코 우리를 거절하지 않으시리라는 사실이다. 그분은 우리 때문에 너무 바빠하시거나 또 신경질을 내시거나 하지 않으신다. 그분은 결코 우리에게 나쁜 말로 다그치거나 우리 위엄을 무너뜨리는 그런 심한 말로 우리를 왜소하게 만들지 않으실 것이다. 사실 그분은 이 넓고 넓은 세상에서 울리는 온갖 소음 가운데서도 우리가 내는 가장 약한 신음을 제깍 들으시고 숨 한번 내쉴 사이에 달려오시는 것이다.

저희가 주께 부르짖어 구원을 얻고 주께 의뢰하여 수치를 당치 아니 하였나이다(시 22 : 5)

나는 내 어린 아들을 통해 많은 것을 배운다. 상처를 입으면 아이는 운다. 아이는 무엇 때문에 슬픈지 내게 털어놓고 위로를 받는다. 우리가 곤궁하고 상처 입었다는 것을 밝힐 수 있을 만큼 정직하기만 하다면 하나님께서는 두 팔 벌려 우릴 맞으실 것이다. 그분은 우리가 부르짖는 모든 소리를 들으실 것이다. 그분은 우리를 달래시고, 먼지를 털어 주시며, 눈물을 닦고 입을 맞춰 주시며, 다시금 담대하게 인생이라는 운동장으로 돌려보내시는 것이다.

하나님의 사랑에 대한 것을 읽을 때,
그건 다른 이들일 뿐
당신을 향한 사랑은 아닌 듯 하는가?
그건 당신을 위한 것이다.
오로지 당신을 위한 사랑이시다.

WOMEN of FAITH

하나님을 만난 포르노의 왕

~ 셀마 웰스

나는 꼭 발빠르게 돌아다니는 노파 같다. 그리고 아이들이 너무나 많기 때문에 어쩔 줄을 모르는 경우도 있다. 하지만 나는 그들 모두 사랑한다!

나의 친자식은 세 명인데, 그들 모두 합해 다섯 명의 아이들을 두고 있다. 그 외에 나는 전세계에 퍼져 있는 "영적으로 입양한" 아이들도 두고 있다. 하와이에서 뉴욕, 오클라호마주에서 바하마, 호주에서 아프리카에 이르는 방대한 지역까지, 수많은 곳에 나의 아이들이 퍼져 있는 것이다.

그들 가운데는 아픈 자들도 있어 그들을 위해 기도한다. 어떤 이들은 불편한 관계를 겪고 있기도 하다. 많은 이들이 스승이나 그저 이야기를 들어주고 올바른 결정을 할 수 있도록 도와줄 사람들을 원하고 있다. 또한 많은 이들은 자신이 마음 둘 곳을 찾지 못하고 방황하며 살고 있다. 그런 다양한 문제들에 나는 적당한 해답을 갖고 있지 못하지만, 하나님께서는 갖고 계신다. 그래서 난 그런 상황에 부딪힐 때마다 하나님께 도움을 구한다.

내 "영적 입양아"들 중 한 명을 나는 워싱턴 D. C.에 있는 공항에서 처음 만나게 되었다. 비행기에서 내려 나오려는데 막 흥분에 들떠 떠들썩한 한 남자가 소리치는 목소리를 듣게 되었다. "셀마 웰스! 셀마 웰스 씨로군요! 얘기를 많이 들어 알고 있어요. 제가 누군지 아시겠어요? 이건 분명 주님의 뜻일 겁니다. 당신은 워싱턴에 이렇게 도착하고 나는 워싱턴을 떠나는 바로 이 문, 이 자리에서 만나게 되다니 정말 믿을 수가 없군요!"

나는 조금 놀랐다. 그는 어디선가 많이 본 사람이었으나 누군지는 도무지 생각나지 않았다. 순간 「카리스마와 크리스천의 삶」 잡지 2000년 3월호에서 그의 사진을 본 기억이 떠올랐다. 그는 앤디 부처가 쓴, "하나님을 만난 포르노의 왕"이라는 제목을 단 기사의 주인공이었다. 이름은 스티브 레인이었는데 그는 스스로 "난 하나님께 돌아간 포르노의 왕입니다" 라고 자신 있게 선포했었다.

그는 재빨리 자기 얘기를 했다. "셀마, 하나님께서 저와 제 형을 포르노 산업에서 해방시키셨고, 이제 저는 자유로운 사람이 되어 온 세상에 포르노그라피의 파괴성을 경고하고 있습니다. 저를 도와주셨으면 좋겠어요. 이렇게 만난 건 그냥 우연이 아닐 겁니다. 얘기를 좀 나누고 싶어요. 언제쯤이나 시간이 날까요?"

그 당시 난 해외로 나가려는 참이었기 때문에 몇 주 후에 만나기로 약속을 했다. 처음에 우리는 이메일을 통해 연락을 주고받았는데 어느 날 아침 그에게서 전화가 왔다.

"여보세요, 셀마, 저 누군지 아시겠어요? 스티브 레인입니다. 지난번 워싱턴에서 만났을 땐 정말 기뻤습니다. 어머닌 제가 열 일곱 나던 해 돌아가셨지요. 그동안 정말 어머니가 필요했는데… 제 어머니가 되어 주실 순 없을까요?"

나는 웃으면서 그리스도를 위해서 수백만 달러의 부를 포기할 만큼 담대한 일을 한, 용기 있고 헌신적이며 거듭난, 또 잘 생기고 멋진 젊은 십자가 용사의 "어머니"가 되는 일이라면 언제라도 자랑스러워할 거라고 말해 주었다.

그러자 스티브 레인은 조심스레 묻기를 나는 흑인이고 자기는 백인인데 사람들에게 말하는 것이 부끄럽지 않겠느냐고 했다. "오, 말도 안 되지! 당신이 예전에 무슨 일을 했든, 피부색이 어떻든 나는 자넬 사랑해. 인디언이든 황인종이든 흑인이든 백인이든 간에 말이야. 하나님 보시기엔 우리는 모두가 귀중하니까."

그도 동의했다. "셀마, 우리가 무슨 일을 하든, 어딜 가든, 어떤 인간이 되려고 노력하든 간에 하나님으로부터 도망칠 수 없다는 것을 저는 배웠습니다. 그분은 우릴 너무나 사랑하시기 때문에 우리 마음대로, 자기 멋대로의 바보 같은 계획에 맞추어 사는 것을 두고 볼 수 없으신 거예요."

그 전화 통화는 웃음과 약속, 그리고 기도로 이어졌다. 나는 이 젊은이가 하나님을 향한 두려움 없는 사랑으로 가득 차 있음을 알 수 있었다. 그것이 바로 세상이 쏟아내는 비판의 한가운데서 복음을 선포할 수 있는 능력의 원천이 되고 있는 것이었다.

스티브 레인은 어릴 때부터 착실히 교회를 다니며 일찍 예수를 구주로 영접한 사람이었다. 하지만 그는 커가면서 성도들의 위선을 많이 보게 되었다. 그는 지독하게 환멸을 느끼게 되었고, 반항심으로 해서 결국은 교회에 반대하는 가장 큰 적대자 중 하나가 되고 말았다. 그는 2년 동안 하드코어 포르노 잡지와 웹 사이트를 만들고 발행했다. 그러던 1998년 어느 날, 하나님께서 그를 찾아오셔서 그의 정신을 일깨우셨다. 자신이 누구인지 가르쳐 주신 것이다. 하늘 보좌왕의 귀중한 자녀라는 사실을! 스티브는 회개하고 다시금 그리스도께

돌아갔으며, 이제 그의 생애를 포르노의 파괴성을 알리는 데 헌신하고 있는 것이다. 그는 이제 선포한다. "내 머릿속에 있던 모든 쓰레기들은 어린양의 피로 말끔히 씻겨 내려갔습니다."

많은 사람들이 그렇듯, 우리가 무슨 일을 하든, 어디를 가든, 어떤 사람이 되려고 노력하든 간에 하나님께서는 우리가 있는 곳의 주소를 아시고 우리의 명함을 가지고 계신다는 사실을 스티브는 알고 있다. 그분이 스티브에게 찾아 가셨듯, 당신에게도 분명히 찾아오실 것이다. 돈이나 명성, 평판, 혹은 타락과 수치, 비난, 거짓말… 어디로 도망가든 정말로 숨을 곳은 없다. 다윗 왕은 이 놀라운 진리를 잘 깨닫고 있었다.

내가 주의 신을 떠나 어디로 가며 주의 앞에서 어디로 피하리이까 내가 하늘에 올라갈지라도 거기 계시며 음부에 내 자리를 펼지라도 거기 계시니이다 내가 새벽 날개를 치며 바다 끝에 가서 거할지라도 곧 거기서도 주의 손이 나를 인도하시며 주의 오른손이 나를 붙드시리이다

(시 139 : 7-10)

보라, 예수님께서는 당신을 너무나 사랑하신다. 열정적으로, 끈질기게, 조건 없이 말이다. 당신과 연락을 취하시기 위해 이메일이나 전화에 의존하지 않으신다. 당신이 대화를 원할 때 해외로 나가시지도 않으신다. 당신이 들이마시는 공기보다 더 가까운 곳에 계신다.

만약 과거나 현재의 생활 방식 때문에 하나님으로부터 도망가고 있는가? 하나님께서는 당신을 부르시고 평화와 안식을 주기 원하신다. 그 완전한 사랑은 두려움이 없으시기에 그분은 정녕 당신을 떠나거나 버리지 아니하신다. 그분이 무서워서 못 가는 장소 또한 없다. 그리고 그분이 마주하기 싫어하는 당신의 모습은 그 어디도 없다.

스티브 레인이 비록 "하나님을 만난 포르노의 왕"이라고 불리지만 그도 사실은 사랑하는 자녀들을 세상 끝까지 찾아다니시는 하나님께서 결국 찾아오신 또 다른 잃어버린 양에 지나지 않는 것이다.

당신을 찾으시는 하나님께 손을 내미시겠는가?

이리 오라, 이리 오라,
어디 있든 간에! 우리가 의롭지 않은 순간에도
예수님께서는 우리를 사랑하신다
— 모두를 사랑하신다.

WOMEN of FAITH

사임할 것인가 기뻐할 것인가

~ 마릴린 미버그

지난 주에, 다음 달이면 다섯 살이 되는 내 외손자 이안은 어떻게 하면 마귀를 내쫓을 수 있는지에 관해 그 애 엄마(내 딸 베스)에게 물었다. 내 딸 베스는 조용히 대답하기를, 마귀를 내쫓으려면 그 사람의 마음에 예수님을 모시면 된다고 했고 어떻게 그렇게 할 수 있는지 설명해 주었다. 이안은 예수님을 모셔들이고 마귀를 내쫓겠다는 기도를 드렸다.

이안의 기도를 듣는 것은 정말 희열이라 생각했지만, 그 아이의 결정을 재촉하게 한 두려움이 마음에 걸렸다. 이안은 무엇을 들었기에, 혹은 무엇을 상상했기에, 심지어 무엇을 경험했기에 그런 두려움을 떠올린 것일까? 이안의 가족 환경은 몇몇 아이들의 가정에서 흔히 있는 "생존"의 문제와 관련된 것과는 별로 상관이 없었던 것이다. 하지만 어쨌든 이안은 완전한 안전을 누리고 있는 것 같지 않았다.

어제 그 애는 내게 미스터 로저스가 나오는 프로를 본 적이 있느냐고 물었다. 나는 네 엄마 베스와 함께 시청하곤 했었다고 말해 주었지만 그 말은 아이에게 잘 이해된 것 같지 않았다. 결국 이안은 차분하게 말했다. "미스터 로저스는 멋져요."

많은 인기를 누렸던 "미스터 로저스 TV 쇼"가 그렇게 생명력이 있는 건, 아이들에게 조용한 확신과 부드러운 사랑의 환경을 경험하도록 하는 것이 필요함을 증거 한다고 할 수 있다. 어쨌든 수십 년 간 미스터 로저스는 노래와 이야기를 통하여 인생의 혼란스런 복잡성을 아이들에게 덜 위협적으로 가르쳐 주는 역할을 충실히 해 왔다. 그 노래와 이야기들을 들으며 아이들은 가슴 속 한 쪽에, 사랑과 안위라는 것이 실현될 수 있다는 믿음을 간직했다.

최근에 나는 한 익명의 필자가 성인의 삶을 "사임"하고, 마법이 가득하고 즐거웠으며 "단순"했던 여덟 살 때의 세상으로 돌아가겠다고 선언한 글을 읽게 되었다.

그는 이렇게 썼다. "눈 위에 천사를 그리며 놀고 싶다."(아, 나도!) "뜨거운 여름날 커다란 떡갈나무 아래에 누워서, 그곳에서 친구들과 함께 레모네이드 가판대를 운영하고 싶다. 삶이 단순했던 때, 걱정할 일이나 기분 나빠질 그런 모든 일을 복스럽게도 모르고 있기에 그저 행복만이 있었던 그때로 돌아가고 싶다."

마귀와 미스터 로저스에 대한 이안의 느낌을 생각해 보면서 나는 어느새, 어릴 적 처음으로 불안감이 날 감쌌던 그때 기억의 오솔길을 정처 없이 걷고 있었다. 레모네이드 가판대와 관련해 겪은 그 참담한 실패처럼. 바비 앰디거와 난 겨우 레몬 두 개만을 가지고 이 벤처 사업에 뛰어들었었다. 바비는 주전자에 설탕과 물을 계속 타면 되니까 레몬이 몇 개 있는가는 문제가 안 된다고 했었다. 마을 사람들이 그 엉터리 레모네이드에 비난을 쏟은 건 당연한 일이었다.

참담한 실패란 말이 나와서 말인데, 3학년 때 수학 선생님이 내 책상 바로 옆에 서서 자를 가지고 리듬을 붙여 치면서 "생각해… 생각을 하라고… 생각을…"이라고 끊임없이 중얼거리던 기억은 아직도 끔찍하게 남아 있다.

5학년 때는 마티 맨슨이 도로시어 후튼파일보다 나를 더 좋아할 것인가에 대한 긴장감을 안고 살았었다. 작고 사랑스러웠던 도로시어 후튼파일은 모든 소년이 좋아하는 타입이었다.

그녀를 보는 마티의 눈에서 나는 빛이 난다고 확신했지만, 그는 언제나 나를 자기의 가장 친한 여자친구로 여긴다고 말했다. 내가 우리 학교에서 어느 누구보다 달리기를 잘 한다는 이유였다. 하지만 그 말은 내게 별로 확신을 주지 못했다. 난 비쩍 마르고 빠른 것보다는 느려도 귀여운 아이이고 싶었다.

처음 그 "사임"이라는 글을 읽었을 때는 큰 나무 밑에 눕고 눈으로 천사를 만들며 심지어는 어린아이였을 때의 나만의 작은 세상에 대한 정서와 감각을 되돌려보려는 향수에 매료 되었었다. 하지만 궁금한 것이 생겼다. 모진 현실에서 완전히 벗어나 순수와 단순함만이 존재하던 시간과 공간이 정말 있었던가? 다른 말로 하자면, 삶이 진정 "단순했던" 때가 있었는가 말이다.

때때로 나는 이 불완전한 세상에서 우리가 전혀 몰랐던 어떤 것을 간절히 바라고 있기에, 인생의 어떤 시기만은 행복했다는 확신을 가질 때까지 역사를 닦아 윤을 내고, 그 시절로 돌아갈 수만 있다면 모든 것이 잘 될거라는 생각을 해 본다. 하지만 "행복했던 시절"이란 주로, "이랬더라면"이라는 생각에 근거한 거짓말일 뿐일 때가 많다.

미국의 제34대 대통령 아이젠하워는 어린 시절에 대해 말하면서, "그 당시 기쁨은 단순했다 - 생존을 포함하고 있었으니까" 라고 했다. 비슷한 맥락에서, 조지 F. 윌은 "어린 시절이란 그 시기를 지나는 이에게는 아주 엄숙한 작업이 된다" 라고 말하기도 했다.

물론, 미스터 로저스는 멋지고, 마귀는 나쁘며, 아이스크림은 맛있고, 브로콜리는 너무 새파랗다. 어린 시절의 사건들은 아주 멋지기도 하고, 때론 잔인하기도 하다. 성인이 되었을 때도 그리 다르지 않다. 우리가 아는 가장 근본적인 진리는 우리가 인생의 어떤 국면에서든 결코 사임할 수 없다는 것이다.

하지만 이게 나쁜 소식이라고는 생각지 않는다. 우리의 미래는 우리 죄를 위해 희생 제물이 되신 그리스도를 통하여 전적으로 안전하기 때문에, 성인이 된 후의 인생을 "완전함"과 "단순함"의 관점에서 다가오기를 바라며 지낼 필요가 없다는 것이다. 우리는 향수 어린 과거나 소망의 미래 같은 것이 없는 영원 속에서 그 모든 것을 경험하게 될 것이다. 우리가 천국의 그리스도와 함께 최후의 목적지에 도달하게 될 때, 모든 시간은 현재 시제가 될 것이다. 그리고 더 이상 개선의 여지가 필요 없는 완전한, 끝없는 축복 속에서 살게 되는 것이다.

그러나 지금 여기, 이 순간은 어쩌란 말인가? 아무런 기쁨도, 재산도, 추억할 만한 순간들도 없는가? 물론 그럴지도 모른다! 하나님께서는 우리를 너무도 아낌없이, 경이롭게 사랑하시기에 인생의 복은 하나하나 세기에도 너무 많다. 그것들을 다 볼 수 있는 눈만 있다면 말이다.

하지만 어느 누구도 - 여덟 살이든 여든 살이든 - 행복한 날들만 계속되는 인생은 없는 것이다. 그 "축복 받은 무지한" 어린 시절로 돌아간다는 것은 불가능할 뿐만 아니라 내 생각에 그것을 바란다는 것 자체가 영원히 약속된 우리 영혼에 하나님께서 심어 놓으신 온전함을 향한 정당한 욕구의 파편에 지나지 않는다고 본다. 좋은 소식이 있다면, 아직 오지 않은 가장 놀라운 것은 우리의 이 놀라운 상상력으로도 예측할 수가 없다는 것이다!

그때까지, 나는 엉터리 레모네이드 만드는 법이나 자를 두드리는 권위적인 선생님, 혹은 귀엽고 느린 여자를 더 좋아한다는 것을 인정하려 들지 않는 남자들을 피할 것이다. 그 대신, 어디서 마귀가 역사하든지 간에 예수님께서 어디나 나와 함께 하신다는 것을 깨닫는 긍정적인 태도를 가진 사람들에게로 다가설 것이다. 왜냐하면 우리 안에 계신 이가 세상에 있는 악함, 슬픔, 실패, 두려움보다 크시기 때문이다(요일 4 : 4). 당신과 나, 그리고 이안은 믿음과 담대함으로, 삶이 감추고 있는 것들을 향해 한 발짝 나갈 수 있다. 하나님의 사랑은 크고 강력하여서 모든 인생의 단계에 서 있는 크고 작은 사람들을 모두 담을 수 있다. 우리는 결코 사임할 필요가 없다.

하나님이 우리에게 주신 것은
두려워하는 마음이 아니요
오직 능력과 사랑과 근신하는 마음이니(딤후 1 : 7)
이 진리로 인해 나는 사임하는 대신
기뻐할 능력을 얻는다!

WOMEN OF FAITH

약속의 땅에 들어갈 때까지

~ 팻시 클레몬트

어린아이였을 때, 나는 정글짐의 막대(monkey bars)를 잡는데 도움을 필요로 했다(사실은 지금도 도움이 필요하다). 어른이 나를 들어올리면 막대를 꽉 잡을 때까지 배가 울렁거렸고 나를 놓으면 스스로 내 몸무게를 지탱해야 했다. 한손 한손 가로장을 잡아가며 그 넓은 곳을 힘들게 지나곤 했다.

하지만 거의 언제나 몸무게를 지탱하기 너무 힘들어 손가락이 미끄러지면서 두려움은 더욱 엄습하고, 곧 떨어져 땅에 엎어졌다.

그것과 똑같이, 하나님의 사랑을 붙들고 있는 내 손도 가끔씩 미끄러진다. 그때가 바로, 그 넓은 곳을 지나 집으로 돌아가기 위해 그분의 도움을 필요로 하는 시간이다.

하나님의 두려움 없는 사랑은 우리가 넘어질 때 도우실 뿐만 아니라 붙들어 주신다. 두려움 없는 사랑은 우리가 고귀한 것들에 대해 너무나 작은 존재들이란 사실도 잘 지각하고 있다.

그리고 두려움 없는 사랑은 능력 밖의 일을 행하고자 하는 우리의 노력을 뒷받침해 줄 것이고, 막대 저편 안전한 곳에 도달할 때까지 우리를 붙들어 줄 것이다. 난 그 사실이 너무도 좋다.

나의 인간성이나 불안감에 책임이 있는 건지는 확신할 수 없지만, 그렇게 삶이 미끄러지고 혼란스러울 때면 나는 하나님의 선하신 은혜를 다시 받기 위해 노력해야 한다는 오해를 하곤 한다.

'화해의 과정이란 게 분명 후회나 고해처럼 쉽지는 않을거야' 라고 혼잣말을 한다. '내 죄는 정말 용서 받지 못할 거야, 특히 내가 주님을 얼마나 오래 알아왔는가를 생각할 때는 더!'

내가 하나님이 아니어서 얼마나 감사한 지 모른다. 나와는 다르게 그분의 마음은 좁지 않다. 그분의 길이 좁을 뿐이다. 그리고 우리가 길을 잃지 않도록 경계를 필요로 한다는 것을 아시기에 가느다란 도로로 만드신 것이다.

모세의 누이인 나이든 미리암은 유랑하는 히브리인들의 리더 중 한 사람으로서 하나님의 권위를 침해해 그 경계선 밖으로 한걸음 나가고 말았다.

> 여호와께서 그들을 향하여 진노하시고 떠나시매
> 구름이 장막 위에서 떠나갔고
> 미리암은 문둥병이 들려 눈과 같더라
> 아론이 미리암을 본즉 문둥병이 들었는지라(민 12 : 9-10)

그 결과 그녀는 문둥병에 걸렸고 무리 중에서 추방되었다. 한때 존경받던 리더였던 미리암은 시들어 가는 몸을 하고 앉아서 누가 다가오기라도 하면 "저는 깨끗지 못한 사람입니다!" 라고 소리쳤다. 그녀는 막대를 쥐고 있던 주먹을 펴고 말았다. 지은 죄의 무게가 그녀를 바닥에 떨어지게 만든 것이다.

미리암의 마음 속 불안, 주위 환경의 수치심이 공포와 함께 온몸을 흘렀을 것이다. 자신이 사랑했던 모든 것과 모든 이로부터 분리되어, 미리암은 개인적 고뇌 속에 몸을 웅크렸다.

나는 미리암의 이야기를 읽을 때마다 마음이 아프다. 죄로부터 "깨끗지 못하고" 추방자가 된 느낌이 어떤 것인지 잘 알기 때문이다. 혼자 되어 문둥병에 걸린 내 자신을 대면해야 한다는 건 정말로 무서운 일이다. 하지만 수치심은 화해를 이끌어내기 마련이라는 것을 배웠다.

마들렌 랭글이 말한 것처럼, "가장 못된 인간인 것처럼 느껴질 때가 가장 사랑이 필요할 때임을 나는 알고 있다." 정말로 한계에 다다랐다고 생각될 때, 자세히 보라. 변화의 문지방 거기에, 우리 안의 문둥병을 조금도 두려워하지 않으시는 하나님의 사랑이 있다.

미리암의 이야기와 나의 경우 둘 다에서, 우리는 무리 안으로 다시 들어오라는 초대의 말을 들을 수 있다. 주님께서는 우리가 돌아오길 갈망하신다.

미리암에게 주어진 초대는 형제들인 모세와 아론의 간절한 기도로 가능하게 되었다. 명예롭게도 모세는 자신을 비난한 사람을 위해 기도한 것이다. 우리도 그렇게 되어야 한다.

성경은 우리가 적지로부터 넓은 거리를 가로질러 약속의 땅 안전한 곳에 도착하기까지의 여행을 도와주는 지도 역할을 한다. 그와 함께, 우리는 주먹을 펴고 떨어졌다가 다시 회복하는 이스라엘 민족의 이야기를 보며 소망과 통찰력을 얻게 된다.

성경이 그렇게 생존의 지도 역할을 수행하는 동안, 하나님의 두려움 없는 사랑은 떨어지는 우리를 받아 주는 안전 그물이 되어 다시, 또 다시 도전할 용기를 불어넣어 주신다. 마침내 다른 쪽에 도착할 때까지. 휴!

"나는 미래가 어떻게 펼쳐질른지 모른다.

그러나 나는 미래를 쥐고 계신 분을 알고 있다."

– 로버트 애버나시

유통 시 파손되었으나 배달 가(可)함

~ 바바라 존슨

오늘 소포가 하나 왔다. 아니 소포 비슷한 것이라고 하는 게 좋겠다. 묶은 줄은 벗겨져 겨우 달려 있었고 라벨은 찢겨져 나갔으며 찢어진 한쪽으로 내용물이 불쑥 튀어나와 있었다. 간단히 말해서, 코끼리 한 마리가 내 소포 위에서 발가락으로 춤을 춘 뒤 그걸 내 우편함에 난폭하게 던져 넣은 형상이었다.

그러나 나를 한층 당황하게 만든 것은 소포 맨 위에 굵은 글씨로 "유통 시 파손되었으나 배달 가(可)함"이라는 우체국에서 찍은 소인이 보인다는 것이다. 그 줄과 뭉치덩이를 배달 가능하다고 한 우체국 직원의 뻔뻔함을 생각하니 기가 막혔다!

약간 역정을 내면서 나는 우체부에게 물었다. "도대체 이 소포에 이런 도장을 찍으라고 말한 사람이 누구예요?" 그는 마치 내가 파손을 입은 물건이라도 되는 듯 바라보기만 했다.

나중에 나는 이런 생각이 들었다. "얼마나 많은 인생이 나처럼 이렇게 파손되고 상처 받았을까?" 우리 모두는 분명 "파손 쉬운 귀중품, 조심히 다루시오!" 라는 소인이 찍혀야 하는데 막상 아주 멀고 힘든 길을 실려온 소포들 같지 않은가. 그동안 개인적인 고통이라는 험악한 손길에 의해 부서지고, 이쪽저쪽으로 부딪혀서 마침내는 끈이 풀리고 접착제도 떨어지고 느슨해지고 한쪽이 찢어진 것이다. 섬세한 도자기 처럼 다뤄지기는커녕, 수십 마리 코끼리들이 우리 위에서 발가락 춤을 추고 지나간 꼴이라니!

최근에 어떤 여성 모임에서 강연을 했는데, 어떤 예쁜 소녀가 오더니 이렇게 말했다. "선생님 말씀은 별로 꽉 조여진 타입이 아니라 아주 듣기가 좋아요." 잠시동안 나는 이게 칭찬인지 그 반대인지 이해를 할 수가 없었다. 그녀는 내가 마치 풀어지는 털실 공 같다고 생각한 것일까?(나는 이렇게까지 보여질 줄 깨닫지 못했다.) 하지만 결국 그걸 칭찬으로 받아들이기로 작정했다.

생각해 보자, 별로 꽉 조여진 타입이 아니다. 소포용 테이프로 둘둘 말아서 아무것도 안 보이는 인생도 아니고, 이 흉악하고 위험한 세상에서 살아남을 수 없을 만큼 "멋지고" 섬세한 것도 아닌 것이다.

나는 기쁘다. 진실로 길고 힘든 여행을 해 왔기 때문이다. 그동안 혼란과 절망의 벽이 나를 밀어 대었고, 이미 피 흘리고 다 부서진 이 연약한 마음은 부주의하게 다루어져 왔다. 하지만 확실한 건, 나는 비록 "배달 도중 파손"되었으나 "배달 가능"하다는 것이다! 나는 지금 영광 – 하나님의 보좌 주위에서 영원한 기쁨을 누리게 될 그 목적지를 향한 긴 여행을 하고 있다.

인생은 무섭다. 달리 의문의 여지조차 없다. 나는 그동안 아주 어둡고 끔찍스런 나날을 보내 왔고, 그건 당신도 마찬가지일 거라고 생각한다. 누군가 말한 것처럼, 우리 인생이 비디오 플레이어 같아서 초라한 시절들을 그저 빨리 감기 해 버릴 수 있다면 얼마나 좋을 것인가.

하지만 이 거친 여행을 계속하며 앞으로 나아가는 우리를 지탱해 주는 놀라운 진리가 있다 – 목적지에 다다르면 우리의 주인이 우리를 자기 것이라 확신해 주신다는 사실이다! 라벨은 찢겨나가고, 내용물이 반 정도 튀어나와 대롱거리고 있을지도 모르고, 사실 완전히 포장이 풀어진 상태일지도 모른다. 그러나 하나님께서는 자신에게 속한 것들을 언제나 확실하게 알고 계신다.

야곱아 너를 창조하신 여호와께서 이제 말씀하시느니라 이스라엘아 너를 조성하신 자가 이제 말씀하시느니라 너는 두려워 말라 내가 너를 구속하였고 내가 너를 지명하여 불렀나니 너는 내 것이라(사 43 : 1)

우리는 하나님의 것이다. 얼마나 즐거운 위로인가. 게다가 우리는 그분께서 가장 비싼 값을 치르고 사신 것이다. 독생자의 귀한 피로 사신 것이다. "너희 몸은 너희가 하나님께로부터 받은 바 너희 가운데 계신 성령의 전인 줄을 알지 못하느냐 너희는 너희의 것이 아니라 값으로 산 것이 되었으니…"(고전 6 : 19-20)

그분의 두려움 없는 사랑 – 후회 없이 갈보리 고난을 마주하신 그 사랑 덕분에 우리는 앞서 가신 그리스도처럼 결국 인생의 충격들을 견뎌 낼 것이고, 하나님께서는 마지막 때에 그분 자신께 배달될 상을 주장하실 것이다. 그게 바로 우리다!

그러므로 나의 귀한 친구들이여, 만약 당신이 인간의 인내를 뛰어넘는 고통 속에서 거절당하고, 부서지며, 깨지고, 느슨해지고, 끈이 풀리며, 결국은 찢겨나간 느낌이 들때, 하나님께서 당신에게 찍은 소인은 분명하고 확실하다는 것을 기억하라! 혹 "파손된 물건"일지라도, 당신은 배달 가능하다. 그분의 열린 팔 안으로 곧장 배달될 것이다. 그리고 당신은 종착지에 도착하여 당신을 자기 것이라고 딱 잘라 확신해 주시려고 흥분 속에서 기다리고 계신 주님 앞으로 인도될 것이다. 하나님의 왕국에는 받아들여지지 않는 소포란 결코 없다.

하나님의 약속은 구명대와 같다.
그것은 근심의 바다에서
우리 영혼이 가라앉는 것을 막아 준다.

WOMEN of FAITH

STUBBORN LOVE

확고부동한 사랑

 사랑하는 친구들,

많은 아이들을 키우고 있는 한 어머니에게 신문기자가 물었다. "어느 아이를 가장 사랑하세요?"

그녀의 대답은, 그녀가 얼마나 지혜롭고 다정한 어머니인가를 잘 드러내 보여 주었다. "아직 귀가하지 못한 아이가 있다면 집에 돌아올 때까지 그 앨 가장 사랑하지요. 병이 난 아이가 있다면 완쾌될 때까지 그 앨 가장 사랑하고, 상처 입은 아이가 있다면 그 상처가 치유될 때까지 그 앨 가장 사랑하고… 잃어버린 아이가 있다면 찾게 될 때까지 그 앨 가장 사랑하죠."

아버지 하나님의 사랑은 독생자 예수를 통하여 나타난다. 그분은 우리와의 교제를 너무나도 원하고 계시며, 인간의 연약함을 두고 실질적으로 돌보시고 우리가 입은 상처에 대해 연민을 품고 감싸시고, 이 방황하기 좋아하는 마음들을 기쁨의 포옹으로 안아주신다. 성경을 보라, "무리를 보시고 민망히 여기시니 이는 저희가 목자 없는 양과 같이 고생하며 유리함이라"(마 9 : 36) 그리고 예수님 당신께서 직접 확신시켜 주시기도 한다. "나는 선한 목자라 내가 내 양을 알고 양도 나를 아는 것이 아버지께서 나를 아시고 내가 아버지를 아는 것 같으니 나는 양을 위하여 목숨을 버리노라"(요 10 : 14-15)

자, 나의 사랑하는 동료 "양" 여러분, 기뻐하자! 여러분이 어디 있든지 간에, 얼마나 멀리 또 얼마나 상처를 입고 떨어져 나왔든 간에, 우리의 선한 목자는 우리가 집에 돌아와 회복하고 치유되며 결국 다시 찾은 자가 될 때까지 쉬지 않으시며, 오래 참고 실천하시며 또 확고부동한 그런 사랑으로 우리를 사랑하신다. 나와 내 양 친구들, 마릴린, 실라, 엠마, 루시, 그리고 팻시와 함께 동행하며, 우리 온유하신 목자의 확고부동한 사랑을 함께 송축 드리자.

사랑으로,

바바라 존슨 *Barbara*

사랑(Love)의 철자는 뭔가요?

~ 루시 스원돌

최근에 어떤 얘기를 들었는데 생각해 볼 것이 좀 있었다. 어떤 여인이 병을 오래 앓다가 죽어서 천국의 문에 다다랐다. 문 안을 들여다보니 생전에 그녀가 알고 지내던 사람들이 아름다운 잔칫상에 둘러앉아 즐거이 먹고 마시고 있는 것이었다. 그녀는 놀랍기도 하고 흥분되었다.

그리고 베드로가 나타나 그녀를 영접했다. "기다리고 있었습니다. 뵙게 되어 정말 기쁘군요."

"감사합니다!" 그녀가 대답했다. "저 잔치에 참석하려면 어떻게 해야 하나요? 정말 멋지군요. 옛 친구들과 다시 함께 하고 싶어요."

베드로는 단어 하나의 철자를 옳게 말해야 한다고 일러주었다.

어렸을 때 철자 맞추기 시합에서 늘 우승했던 터라 그녀는 자신 있게 물었다. "어떤 단어인가요?"

"사랑(Love)"입니다. 베드로가 말했다.

그 간단한 단어를 그녀는 물론 정확히 철자를 대었고 곧 잔치가 열리는 곳으로 안내되었다.

약 6개월 뒤에 베드로는 그 여인에게 자신이 심부름을 갔다 올 동안 문을 좀 지키라고 부탁했다. 그때에 그녀의 남편이 천국 문에 도착했다.

"어머, 여기서 보다니 놀랍군요." 그녀는 미소를 지으며 말했다. "내가 죽은 뒤로 어떻게 지냈나요?"

"잘 지냈소." 그는 아주 흥분해서 말을 이었다. 아내가 아플 때 간호를 하던 젊고 아름다운 간호사와 재혼했으며, 복권에 당첨되어 전에 부인과 함께 살았던 그 작은 집을 팔고 마을 건너편에 커다란 맨션을 샀다고 했다. 그는 갓 출시된 캐딜락을 사서 새 아내와 함께 세계 일주를 다녔다고 했다. 불행히도 바하마에서 휴가를 보내는 도중 수상스키를 타다 넘어져 스키가 머리를 부딪치는 바람에 그 모든 행복은 중단되었다.

"그래서 여기로 왔소. 어떻게 하면 들어갈 수 있지? 음식이 아주 맛있어 보이는걸!"

"단어 하나의 철자를 대셔야 해요." 그의 전 아내가 말했다.

"무슨 단어 말이오?"

"체코슬로바키아(Czechoslovakia)."

이 바보 같은 이야기를 잠깐이라도 생각해 보기 바란다. 아주 중요한 교훈을 한 가지 배울 수 있을 것이다.

상처 받았거나 거절 당했을 때, 해를 입었을 때 앙갚음을 하지 않는다는 건 정말로 힘들다. 그렇지 않은가? 받은 대로 해 주고 싶다는 소망은 우리 모두 맞서 싸우고 있는 가장 지독한 전쟁 중의 하나이다. 많은 사람들이 훌륭한 복수가 될 만한 방법을 찾느라 몰두한다. 그들은 정말로 복수를 즐긴다.

하지만 어떻게 사랑과 복수의 욕망이 똑같은 마음 속 똑같은 순간에 같이할 수 있는가? 그건 완전한 모순이다.

복수하려는 생각이 결코 새로운 것이 아님을 우리는 모두 잘 알고 있다. 그리스도가 이 땅에 오시기 2천 년 전에, 선지자 예레미야는 이렇게 말했다. "만물보다 거짓되고 심히 부패한 것은 마음이라 누가 능히 이를 알리요마는"(렘 17 : 9) 그 마음은 언제나 악한 길로 기울어질 경향이 다분하다. 우리가 예수 그리스도를 구원자이자 주님으로 영접한 이후에도 말이다.

그러므로 천국에 들어가는 것이 단어의 철자 알아 맞추기에 달려 있지 않다는 것은 얼마나 다행한 일인가.

"사랑"이란 단어도, 어떤 인간도 그 단어에 알맞게 살아갈 수가 없다. 천국에 들어가는 것은 우리가 뭐든지 옳게 하는 것과는 아무 상관이 없다니… 주를 찬양하라! 십자가상에서 예수님께서 이루신 것으로 우리는 구속받은 것이다.

예수님께서는 당신을 위해, 나를 위해, 그리고 쉴새없이 빗나가는 우리의 "거짓된" 마음들을 위해 돌아가셨다. 성경에는 하나님의 완전한 기준에 비추어 올바르지 못한 것의 벌은 죽음이며, 그 벌을 우리를 위해 예수 그리스도께서 대신 받으셨다고 되어 있다.

또 다른 크나큰 복음이라면, 구원을 통해 그분의 영이 우리 안에 머무시는 결과로 우리는 복수나 "권리"를 주장하고 타인을 상처 주는 삶에서 벗어나, 거룩한 삶을 살 수 있는 경지를 체험한다는 것이다. 그리고 예수 그리스도의 죽음과 부활은 우리 스스로는 할 수 없는 것들을 하도록 힘을 주시는 것이다.

그분은 우리가 자신과의 사랑의 관계를 지금도 좋아하시고, 또 영원토록 그럴 것을 잘 알고 계신다. 또한 천국에 들어가는 데 철자 맞추기 시합은 필요 없다 - 경쟁할 필요가 없는 것이다!

아쉽게도, 그렇다고 이것이 이 땅에서의 우리 삶이 자기 중심적인 느낌이나 소망이 없는 쉬운 삶을 의미하는 것은 아니다. 사도 바울이 명확히 짚어 주었듯, 우리 안에는 잘못된 일을 하고픈 선천적인 욕망이 내재하는 것이다. "내 속 곧 내 육신에 선한 것이 거하지 아니하는 줄을 아노니 원함은 내게 있으나 선을 행하는 것은 없노라 내가 원하는 바 선은 하지 아니하고 도리어 원치 아니하는 바 악은 행하는 도다"(롬 7 : 18-19)

얼마나 실망스러운가? 살아가는 동안 그런 긴장감은 사라지지 않는다. 하지만 실제적인 방법 두 가지를 알려 드리고자 한다. 이것들은 악을 행하고 싶은 욕망이나, 사랑하라고 부름 받은 어떤 사람에게 "복수"하고 싶은 마음과 싸우는 데 아주 도움이 된다. 이 두 가지를 정말로 할 수 있다면 모두 가능한 것이다.

첫째, 입을 꼭 다물어라. 가십거리를 말하고 싶거나 타인을 나쁘게 말하고 싶다거나, 부당한 대접을 받아 꼭 해명을 해야겠다 싶은 마음이 들 때마다, 양말을 집어넣어 틀어막아서라도 입을 다물어라. 전쟁은 하나님께 속했으며, 그분이 당신을 위해 싸우신다. 그저 그분께 맡겨라.

둘째, 죄를 고백하라. 죄가 당신을 뒤덮을 때(앞으로도 그럴 것이고), 복수하고픈 마음이 들 때(앞으로도 그럴 것이다), 그것을 즉시 하나님께 아뢰라. 하나님께서는 결코 포기 않는 확고부동한 사랑으로 당신을 사랑하시며, 당신의 약한 부분에 대해 도와주시리라고 약속하신다. 그걸 극복할 수 있는 힘은 그분께 있다. 당신에게 있는 것이 결코 아니다.

대부분 빗나가기 쉬운, 정당한 분노 속에 자기 입장만 고수하는 우리 인간적인 사랑과는 다르게, 하나님의 사랑은 공의롭게 확고부동하시다. 그분은 우리를 위해 아무 이유 없이 죽으신 것이 아니다. 그것은 독생자를 죽음의 길로 보내신 아버지의 자비로움이었던 것이다. 그게 바로 당신이 붙들고 늘어져야 할 모습이며 사랑의 바른 철자를 맞추는 가장 중요한 요인인 것이다.

"사랑이란 용서의 행위이다.
그로 인해 악이 선으로,
파괴가 창조로 바뀌는 것이다." – 헨리 나우웬

WOMEN of FAITH

그레이프라이어스 바비

~ 실라 월쉬

19세기 중엽의 일이다. 런던에서는 빅토리아 여왕이 즉위했다. 북쪽에서는 스코틀랜드 지방의 많은 사람들이 가족 부양을 하느라 투쟁하고 있었다.

도시라는 중심부에서 벗어난 곳에 살고 있는 그런 사람들은 아마도 가장 살기 힘든 부류들이었을 것이다.

악천후, 폭풍, 홍수 등이 곡식을 싹 쓸어가 버렸고 가족 전체가 집도 돈도 아무것도 없는 신세가 되어 버렸다. 그래서 그들은 할 일을 찾아 큰 도시로 오게 되었다.

그들 중 존 그레이란 사람이 있었다. 그는 1853년에 아내와 아들 한 명을 데리고 에딘버러에 도착했다. 하지만 상황은 거기도 나을 것이 없었다.

얼마 안 되어 그도 일자리와 잠잘 곳을 달라고 외치는 무리 속의 한 목소리에 지나지 않게 되었다. 그가 찾은 곳은 춥고 눅눅하고 비참한 곳이었다.

1월의 어느 황량한 새벽, 그는 일찌감치 일어나 찬물에 세수를 하고 성 가일즈 성당 옆의 커다란 경찰서로 향했다. 그는 문 앞에서 멈

추고 용건을 말했다.

"경찰관이 되고 싶습니다."

"나이가 어떻게 됩니까?"

"마흔 살인데요."

"우리가 찾는 건 당신보다 반은 젊은 사람인데… 하지만 의사가 당신이 일해도 좋다고 한다면 일을 주겠소."

그래서 존 그레이는 에딘버러 경찰서에서 근무하게 되었다. 그 새 일자리에는 요구사항이 두 가지 있었다.

첫째, 그가 책임지고 일하게 될 도시 근처에서 살아야 한다는 것이고 둘째, 감시견을 데리고 있어야 한다는 것이었다.

존은 6개월 된 스카이 테리어(털이 길고 다리가 짧은 테리어개의 일종 - 역자) 한 마리를 발견하고 바비라는 이름을 지어 주었다.

아무리 생각해도 테리어가 경찰 감시견을 한다는 건 생각하기 힘든 일이다. 그 개의 다리는 6인치가 넘을까 말까 하고, 길고 매끈한 털은 눈을 덮고 있고 몽통한 꼬리가 달려 있다.

그러나 스코틀랜드의 유명한 자연주의 작가인 찰스 세인트 존은 말하기를, 스카이 테리어는 여러 가지 면에서 독특한 개라고 한다.

상황에 따라서는 몇 시간을 누워 꼼짝하지 않을 수 있으며 무엇이든 잘 먹는다. 그리고 그 종(種)의 가장 큰 특징 중 하나는 바로, 다리 하나는 마치 응급 상황을 위해 아껴 둔다는 듯이 다리를 세 개만 이용해 뛰는 경향이 있다는 것이다!

그날 존 그레이가 찾은 것은 일생동안 함께 할 진정한 친구였다. 바비는 지독하게 충성스러웠으며 추운 겨울밤을 함께 지나는 헌신적인 동료였다. 곧 존의 건강은 악화되기 시작했다.

그 당시 스코틀랜드에서 빈번했던, 결핵이라는 병에 걸린 것이다.

유일한 치료약은 따뜻한 기후나 청명한 공기였다. 에딘버러의 공기는 따뜻하지도 맑지도 않았다.

한 도시로서 에딘버러를 한마디로 표현하자면, 시커먼 굴뚝에서 솟아오르는 연기로 가득한 "매연 공장"이었다.

바비는 매일 주인의 침대 곁을 지키며 회복을 기다렸다. 그러나 1858년 2월, 존 그레이는 결국 세상을 하직했다. 그 조그만 개는 왜 주인이 나무 상자 안에 뉘여 져야 하는지 이해하지 못했다. 개는 그레이프라이어스교회까지 행렬을 따라가 그 상자를 땅에 판 구멍 안에 안치하는 것을 지켜보았다.

존의 아내는 개를 안고 집으로 왔다. 그날 밤 바비는 문 앞에 앉아 끊임없이 울어댔고 결국은 존의 아들이 개를 내보내 주었다. 개는 그레이프라이어스교회로 돌아가 존이 묻힌 곳까지 갔다.

개는 매일 밤 그곳으로 돌아갔다. 존의 가족은 찬 공기를 피해 개를 집 안에 두려고 애썼지만, 개는 누가 문을 열어 줄 때까지 계속 울어댔다.

존의 무덤은 바비의 집이 되었다. 개는 거기서 14년을 더 살았다. 존의 아내와 아들은 이사를 갔지만 바비는 떠나지 않았다.

이 작은 개의 주인에 대한 충성과 사랑은 많은 스코틀랜드 신문의 기사와 사진을 장식했고 온 도시를 감동시켰다. 오늘날 에딘버러를 방문해서 초 공장들의 거리(Candlemakers Row)로 가보면 바비의 동상을 볼 수 있다.

이 동상은 그 너무나 특별났던 개, 주인의 무덤을 떠나지 않았던, 이제는 "그레이프라이어스 바비" 라는 애칭으로 알려진 그 테리어개를 기념해 세워진 것이다.

우리는 이런 충성심에 감동을 받는다. 우리 모두는 자신이 사람에게서든 동물에게서든 그런 강렬한 헌신을 받는 사람이라고 생각하고 싶어한다. 하지만 이 개의 이야기보다 훨씬 더 위대한 이야기가 하나 있다.

당신과 나를 향하신 하나님의 마음의 전적인 헌신에 관한 이야기이다. 성경을 펼치고 인간사의 페이지를 꿰다 보면, 공통적인 사건들을 아주 많이 발견하게 될 것이다.

하나님과의 언약에 맞추어 생을 살려했던 남녀들의 실패담과 그들을 향하신 언약을 도저히 버리지 않으셨던 하나님의 이야기를 만날 수 있는 것이다. 얼마나 확고부동한 사랑인지!

여호와께 감사하라 그는 선하시며 그 인자하심이 영원함이로다 여호와께 구속함을 받은 자는 이같이 말할지어다 여호와께서 대적의 손에서 저희를 구속하사 동서남북 각 지방에서부터 모으셨도다 저희가 광야 사막 길에서 방황하며 거할 성을 찾지 못하고 주리고 목마름으로 그 영혼이 속에서 피곤하였도다 이에 저희가 그 근심 중에 여호와께 부르짖으매 그 고통에서 건지시고 또 바른 길로 인도하사 거할 성에 이르게 하셨도다 여호와의 인자하심과 인생에게 행하신 기이한 일을 인하여 그를 찬송할지로다 저가 사모하는 영혼을 만족케 하시며 주린 영혼에게 좋은 것으로 채워주심이로다(시 107 : 1-9)

이 시편 107편에는 인자한 사랑(Unfailing Love)이란 구절이 여섯 번이나 쓰였다. 이것이 바로 하나님께서 우리를 사랑하시는 놀라운 방법이다.

그분은 결코 우리를 포기하시지 않으시며, 우리 곁을 떠나지 않으신다. 우리가 강할 때 옆에서 같이 걸으시고, 약할 때 곁에 앉아 도우신다. 그리고 임종의 시간에 우리를 영원한 집으로 인도하시려고 곁에 오시는 것이다.

확고부동한 사랑. 단호하고, 결연하고, 그리고 영원한 사랑.

지금 당신이 어디 있든 지간에 당신은 혼자가 아니다.
결코 실수하지 않으시는
하나님의 사랑이 당신을 둘러싸고 있고,
떠받치고 있으며, 보호하고 있다.

WOMEN OF FAITH

나귀에 관한 이야기 한 토막

~팻시 클레몬트

지금 인정하지만 한참 자랄 때 나는 혼자 있을 때가 많았다. 그래서 말하는 노새 프랜시스가 나오는 영화를 TV에서 즐겨 보았었다. 흠, 프랜시스가 누군지 전혀 모르는 어린 독자들을 위해 설명을 하자면, 그는 몇 편의 영화에 출연한 진짜 노새이다. 그는 많은 곤경을 지나며 싸우고 오직 주인에게만 말을 한다.

프랜시스를 좋아했던 사람들이라면 잘 알겠지만, 이 나이든 노새는 꽤 멋진 녀석이며, 엄청나게 고집이 센, 그 종족 특유의 명성에 흠집이 나지 않게 살았다. 특히 자기에게 이익이 되는 일에 있어서는 더욱 그랬다. 프랜시스는 가끔씩 털썩 주저앉아서는 사람들이 끌고 당기고, 미끼를 던지고, 애원을 해도 움쩍달싹하지 않았다.

그걸 생각하니 떠오르는 얘기가 하나 있다. 하지만 이건 나귀 이야기로서, 수다의 은사를 받은 암컷 동물의 진정한 무용담이라 할 수 있다. 놀랍지 않은가!

구약 시대의 선지자인 발람은 돈에 눈이 어두워서 하나님께서 사랑하시는 이스라엘 백성들을 저주하라는 꾀임에 넘어가 버렸다. 하나님께서는 발람에게 주실 말씀을 가지고 계셨지만 그의 주의를 끌기 위해서는 약간의 문제가 있었다.

어느 날 발람은 나귀를 타고 모압 광야로 향하고 있었다. 길을 가는 도중, 여호와의 사자가 칼을 들고 길을 막고 서 있었다. 나귀는 여호와의 사자를 보고 길에서 벗어나 밭 안으로 종종걸음을 쳤다. 여호와의 사자를 보지 못한 발람은 나귀를 보채어 다시 길로 나가게 했다.

올라탄 발람과 나귀가 여행을 계속하고 있을 때 오, 보라, 여호와의 사자가 다시 나타난 것이었다. 이번에는 좌우에 담이 늘어서 있고 점점 좁아지는 길의 끝에 서 있었다. 여호와의 사자를 피하기 위해 나귀는 벽에 바짝 붙어서 걸어야 했다. 그래서 발람의 다리가 벽에 긁혔다. 발람은 이런 발칙한 행위에 화가 나 나귀를 때렸다.

여호와의 사자가 세 번째로 좁은 길을 막고 섰을 때, 나귀는 더 이상 지나갈 곳이 없음을 알고는 길에 엎드려 버렸다. 발람은 얼굴이 벌개졌다! 이 고집 센 나귀를 두들겨 줘야겠어!

그러자 너무나도 놀라운 일이 벌어졌다. 나귀가 입을 열어 말을 한 것이다. "이 바보 양반아, 지팡이 좀 그만 휘두르라고. 내가 말 안 들을 때 이렇게 행동한 적이 있냐고. 몇 년 동안이나 당신을 태우고 다녔는데 이런… 이젠 좀 내려와 줘."(글쎄… 내가 의역한 버전은 이렇다. 민수기 22장의 진짜 대화를 읽어보시길.)

발람은 나귀에게 이렇게 대답했다. "친구들 앞에서 이게 웬 망신이냐. 내가 칼을 차고 있지 않은 걸 감사해라. 그렇지 않았으면 점심으로 나귀 샌드위치를 만들었을 거야!"(이것도 내 버전이다.)

그때 하나님께서 발람의 눈을 여셨고, 그는 손에 칼을 든 여호와의 사자를 보게 되었다. 발람은 엎드려졌다(다른 사람의 손에 칼이 들려져 있을 때 사람의 태도가 얼마나 빨리 바뀌는지 생각하면 재미있다). 여호와의 사자는 발람에게 나귀 덕분에 살았으니 감사하라고 말했다.

와! 둘 중 누가 더 완고했는가? 그 충실했던 나귀가 아니라 잘못된 길로 가고 있던 선지자였다. 발람은 잘못된 이유를 품고 잘못된 길로 가기를 고집했지만 비천한 나귀 한 마리는 주인을 구하기 위해 최선을 다한 것이다. 오만한 선지자와 하늘이 주신 신성한 나귀라니 - 참 재미있는 한 쌍이다.

하지만 이 이야기에선 더 중요한 그림이 드러난다. 크게 확대하여 내보일 가치가 있을 만큼 중요하다. 잘못된 길을 가고 있는 이를 위한 하나님의 확고부동한 사랑을 나타내는 그림인 것이다.

하나님께서 발람에게 되풀이하여 보이신 자비로우심을 보라. 왜, 그 여호와의 사자는 칼을 가볍게 휘둘러 늙은 발람의 목을 칠 수도 있었을 것이다. 발람이 벽에 발이 끼어 고생할 때 죽일 수도 있었을 것이고 혹은 나귀가 주저앉았을 때 발람의 머리에서 배꼽까지 깨끗하게 벨 수조차 있었으리라. 하지만 그 대신에 하나님께서는 조그만 종된 나귀에게 주인의 생명을 구할 기회를 주셨던 것이다.

"완고한"이란 단어는 잘못된 길로 향하고자 하는 발람의 고집과 같은 반항적인 행위를 종종 나타내곤 하지만, 자기 백성이 옳은 길을 찾을 수 있도록 도우시는 하나님의 확고부동한 헌신의 좋은 예가 되기도 하는 단어이다.

이 이야기가 당신의 삶에도 겹쳐지는가? 당신도 발람처럼, 삶의 방향에 관해 스스로의 생각을 고집하며 살아가고 있는가? 아니면 마음이 충실한 종이 되어 온유하신 하나님께서 보여 주시는 다른 이들이 놓치고 사는 것들을 보며 사는가?

안전한 편에 서서, 당신은 나와 함께 다음과 같은 기도를 드리고 싶어할지 모르겠다. "주여, 만일 제가 잘못된 길에 서 있다면 저의 눈을 여시어 진리를 보게 하옵소서. 길을 가면서 주의 종들이 전하는 말씀을 들을 수 있을 만큼 현명해지기 원합니다. 그리고 자비로우신 아버지여, 아버지의 확고부동한 사랑에 감사 드립니다. 아멘."

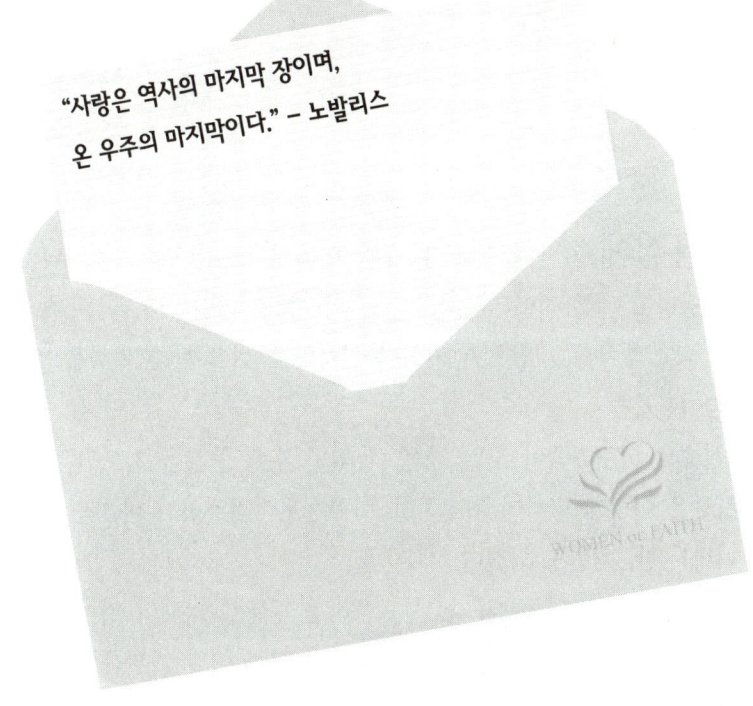

"사랑은 역사의 마지막 장이며,
온 우주의 마지막이다." – 노발리스

절대 끊을 수 없는 인연

~ 바바라 존슨

미용실에 가서 앞으로 몇 주간 머리에 쓰고 다닐 가발이나 모자를 달라고 해본 적이 있는가? 우리 머리를 시퍼런 가위를 든 손 가운데 놓고 휘두르고 있으면 거의 불길하다고 해야 할 오싹함을 느끼는 건 어떤가?

실제로 머릿가죽이 보일 만큼 다 깎인 후에 울상을 지으면 주위 사람들은 이렇게 말하며 위로하려고 애쓴다. "걱정하지 마, 곧 자랄 테니까!" 참, 위안도 되겠다.

몇 년 전 내 여동생과 제부가 우리를 방문했을 때의 일이다. 떠나기 며칠 전 여동생과 나는 새로 나온 신기한 이발 가위를 하나 사게 되었다.

우리는 나의 제부이자 여동생의 남편인 멜에게 우리의 첫 번째 고객이 되어 달라고 부탁했다. 헤헤헤… 자르고 싶은 머리 길이를 정확하게 잴 수 있게 되어 있는 조그만 플라스틱 조각이 붙어 있었는데, 그걸 사용하는 방법을 몰라서 우리는 이 플라스틱 조각을 가위 위쪽에 끼우고 멜의 머리를… 말하자면 "밀어" 버렸다. 음… 어떻게 되었을 지는 상상에 맡기겠다.

바로 다음날 그들이 떠나기로 되어 있었기 때문에, 이 조그만 가위가 저질러놓은 만행에 어떻게 보상을 해야 할 지 방도가 없었다. 멜의 머리는 꼭대기에서부터 쟁기로 간 것처럼 고랑이 생겼고, 양쪽은 머리카락들이 모두 곤두서 어쩔 줄을 모르고 있는 상태가 되었다. 하지만 멜이 유머 감각이 있었던 게 천만다행이었다.

기차역에서 그들에게 손을 흔들며 작별을 할 때, 멜은 모자가 땅겨지지 않을 때까지 푸욱 내려쓰고 있었다. 나는 격려 조로 그에게 외쳤다. "걱정 말아요. 곧 자랄 테니까!"

아, 인생 자체가 이렇게 단순할 수 있었으면! 흠, 물론 그런 때도 있긴 있다. 조그만 실수나 방황, 고민은 의외로 쉽게 치료될 수 있다. 그리고 시간이 약일 때가 많다. 하지만 "큰일"이 우리를 괴롭게 만드는 상실과 막대한 실수도 있는 것이다. 게다가 그렇게 잃은 것들 중엔 결코 "다시 자라지" 않는 것들도 있다.

최근에 미네소타의 성바울병원의 한 소아과 응급실 전문의가 「줄리아의 어머니 - 소아과 응급실에서 얻은 삶의 교훈」이라는 새 저서를 내놓고 인터뷰한 기사를 읽게 되었다.

윌리엄 보나디오 박사는 수많은 아이들의 생명을 구했지만, 안타깝게 생을 마감하는 아이들도 그만큼 많이 보아야 했다. 그 뒤에는 부모들이 있었다.

보나디오 박사는 말한다. "아이들이 죽을 땐, 그저 혼자 세상을 떠나는 게 아닙니다. 부모에게 있어 가장 중요한 뭔가를 같이 가져가 버리죠. 인생이 순식간에 변합니다. 진정 내 것이라 생각했던 것을 빼앗기는 겁니다. 부모들은 다시는 이전으로 돌아갈 수 없음을 깨닫게 됩니다. 하지만 반드시 다시 시작해야 하죠. 상실감을 안고서 말입니다. 그리고 영원히 내 것이 될 수 있는 건 아무것도 없다는 걸 인식하며 살아가게 되는 겁니다."

영적인 문제에 있어 보나디오 박사가 어느 입장인지 나는 잘 모르지만, 보편적인 진리에 관한 그의 통찰력은 심오했다.

"내 것"이라고 생각해 왔던 것을 빼앗길 때, 우리는 이 삶에서 정말로 내게 속해 있는 것은 아무것도 없구나 하는 뼈아픈 현실을 마주하게 되고 마음을 통제할 수가 없다. 이제 치러야 할 게임의 이름은 "변화"인 것이다.

내가 아는 멋진 의사 선생님이 한 분 있는데, 몇 년 전에 우리 둘다 잘 알고 있는 친구 하나가 성형 수술을 한 것에 대해 얘기를 나눈적이 있다. "성형 수술 좋죠. 하지만 오래 가봐야 5년이에요. 영원한건 없습니다." 그가 분명히 말했다.

"영원한 건 없다." 나는 마지막 말을 되뇌었다. 맞는 말이야. 이 지구상에 절대적인 것이 뭐가 있을까? 영원한 건 없어. 머리카락은 깎아도 또(보통) 자라게 마련이고, 몇 번을 주름을 지운다 해도 얼굴은 늙어가게 마련이야. 잃어버린 건 되찾을 수 없고, 알 수 없는 것이 미래야. 시간은 자꾸 가고, 우리는 변하고, 모든 게 변한다. 이 우표 뒤에 끈적이는 맛만 빼고.

정말로 우울한 생각에 막 빠져들려는 찰나, 한 가지 아주 근본적인 진리가 머릿속에 떠올랐다.

나 여호와는 변역지 아니하나니 그러므로 야곱의 자손들아 너희가 소멸되지 아니하느니라(말 3 : 6)

휴우! 변하지 않는 건 없다(앞으로는 우표 뒤에 침을 묻히지 않아도 되는 날이 오고 있지 않나). 하나님만 빼고. 하나님의 성품은 불변이며 그분의 말씀은 궁극이다.

우리를 향한 그분의 확고부동하신 사랑은 결코 변하거나 흔들리지 않는다. 우리의 행동, 상실감, 머리카락 길이, 시무룩한 얼굴 그 어느 것과도 상관없이 하나님의 약속은 진정이며, 그분의 사랑은 우리를 단단히 붙든다.

몇 년 동안 응급실이라는 혼란의 도가니 속에서 삶과 죽음, 아이와 부모를 보아오며 보나디오 박사가 내린 결론은 "삶에서 결코 끊을 수 없는 오직 한 가지 인연"이 있다는 것이다. 그것은 바로 "어머니와 자식간의 결속"이다.

끈끈한 모성애가 정말 능력 있는 것임을 부인할 생각은 없다. 하지만 그 사랑으로 아이를 "소유"할 수는 없고, 그 어머니를 안전하게 지켜주지도 못한다.

영원한 것은 없다! 어머니든 아니든 이 사실은 누구에게나 놀랍고도 지독하게 슬픈 결론일 수밖에 없을 것이다. 하지만 "추신"이 있다. 하나님께 감사하게도!

하나님은 우리의 피난처시요 힘이시니 환난 중에 만날 큰 도움이시라 그러므로 땅이 변하든지 산이 흔들려 바다 가운데 빠지든지 바닷물이 흉용하고 뛰놀든지 그것이 넘침으로 산이 요동할지라도 우리는 두려워 아니하리로다(셀라) 한 시내가 있어 나뉘어 흘러 하나님의 성 곧 지극히 높으신 자의 장막의 성소를 기쁘게 하도다 하나님이 그 성중에 거하시매 성이 요동치 아니할 것이라 새벽에 하나님이 도우시리로다 이방이 훤화하며 왕국이 동하였더니 저가 소리를 발하시매 땅이 녹았도다 만군의 여호와께서 우리와 함께하시니 야곱의 하나님은 우리의 피난처시로다(셀라)(시 46 : 1-7)

우리가 "완전히" 패배하는 일은 결코 없다! 우주의 주관자이신 주하나님께서 변함이 없으시기 때문이다. 그분은 영원히 우리의 것이며, 우리는 그분께 속해 있다!

"닻의 소중함을 깨닫기 위해서는
폭풍우가 주는 무서움을 느껴볼 필요가 있다."
- 코리 텐 붐

WOMEN of FAITH

양 돌보기

~ 셀마 웰스

30여 년 전, 나는 하나님의 은총과 로버트 H. 윌슨 1세 박사의 탁월한 비전에 의하여 수천 명을 섬겨 온 사역에 참여할 특권을 갖게 되었다. 그 당시 우리 교회인 성 요한 선교 침례교회의 목사였던 윌슨 박사는 사회 복지(Social Services) 사무실을 세웠다.

그곳은 텍사스 댈러스의 오크 클리프 지역민들에게 음식과 의복, 주거지, 의학적 도움, 교육 등을 제공하려는 목적을 가지고 있었다. 사무실이 문을 열었을 때 에드위나 C. 에번스 여사가 총감독을 맡았고, 나는 위원회 멤버 중 하나가 되었다.

도움을 갈망하는 수많은 사람들이 도시와 지역 전역에서 몰려들기 시작했다. 그들 대부분이 그 어느 구호 기관에서도 원조를 받을 수 있는 자격에서 미달된 이들이었다. 너무나 절박한 사람들이 많아서 1976년에 사회 복지 사무실은 "베들레헴 재단(Bethlehem Foundation : 줄여서 B.F.라고 불렸다)"이라는 비영리 단체로 발전하게 되었다. "베들레헴"이란 히브리어로 "빵집"이란 뜻이 있었기에 아주 적절한 이름이 붙여진 셈이었다. 그 후 몇 년간 베들레헴 재단은 성장해서 교육 프로그램, 청소년 범죄 예방 프로그램, 마약과 음주 치료 카운슬링 센터, 임대 주택과 시설 지원, 청소년 여름 학교 프로그램, 그리고 AIDS와 HIV(인류 면역 결핍 바이러스 – 역자) 보조 센터 등을 갖게 되었다.

그동안 위원회 멤버로 총감독과 함께 일해 오면서, 나는 B.F.의 발전과 궁핍한 시절을 계속 보아 왔다. 어떤 때는 재단 자체가 그동안 섬겼던 많은 사람들만큼이나 고생을 했다.

교회가 재정적인 지원을 꾸준히 해 주고 있지만, 기금의 대부분은 개인적인 기부금이나 보조금이어서 재정적으로 만족스럽지 못할 때가 많기도 했다. 하지만 가장 힘든 시기가 닥칠 때마다 위원회는 여러 도움의 약속과 헌신, 창의성, 믿음, 그리고 총감독의 확고부동한 사랑을 보며 언제나 놀라고 또 감사했다.

에번스 여사와 나는 다음엔 기부금이 어디서 들어올 것인가에 대한 꽤 열렬한 논쟁을 벌이곤 한다. 솔직히 말해서 가끔씩 그녀는 날 정말로 화나게 만들었다. 위원회 멤버들 몇몇은 재단 문을 닫는 것까지 고려했을 정도였다. 그러나 에번스 여사는 아니었다.

때로는 눈물이 그렁그렁해서, 때로는 이글거리는 눈으로 그녀는 몇 번이고 우리에게 주지시켰다. "이건 주님의 프로그램이에요! 사람들을 도우라고 그분이 저를 여기 있게 하셨습니다. 문을 언제 닫을 것인지는 그분이 말씀해 주실 거예요. 주님은 언제나 우리의 필요를 아셨고, 또 그걸 주시겠다고 약속하셨습니다. 천 개의 언덕에 깔린 모든 가축이 다 그분 의 것임을 모르세요? 소 하나만 파시면 끝나는 거예요! 위원회 여러분들 원한다면 모두 갈 길을 가세요. 난 주님께서 그러라고 하시기 전까진 꼼짝도 않겠습니다!"

에번스 여사의 말은 우리 여덟 명에게 요한복음 21장 17절 "…네가 나를 사랑하느냐… 내 양을 먹이라"고 예수님께서 시몬 베드로에게 주신 사명에 다시금 집중할 수 있도록 도전을 주었다. 에번스 여사는 사람들이 마음의 문을 활짝 열고 복음을 받아들여서 믿고 영접하기 전에, 먼저 그들이 배를 채우고 옷을 입으며 머물 곳을 제공받아야 함을 알고 있었던 것이다. "그리하면 이 사랑으로 그들이 우리가 그리스도인임을 알 것입니다." 그녀는 항상 이 말을 했다.

그녀는 사람들을 향한 사랑으로 인해, 늘 자기의 필요를 뒷전으로 미루고 낯선 사람을 집에 들여 재워 주고 몇 시간이고 사람들에게 상담을 해 주었다. 그녀의 이런 사랑은 내가 살아오면서(또 몇 개의 자선 단체에서 활동해 오면서) 보아온 그 어떤 것들보다 감동적인 사랑이었다. 에번스 여사가 B.F.의 단결을 위해, 동시에 사람들의 필요를 충족시키기 위해 하지 못할 일은 거의 없었다. 그 결과, 수만 명의 사람들이 예수 그리스도를 개인적인 구세주로 영접하게 되었다. 그것은 그녀의 사랑이 행동으로 옮겨지는 것을 직접 경험했기 때문이었다.

몇 달 전 나는 생각에 잠겨 욕조 안에 들어 앉아 있었다. 내가 살아온 59년(그 중 55년은 같은 교회를 섬겨 왔다!)을 반추하며, 그리스도의 심판대 앞에 서 있다고 상상했다. 나와 함께 상상해 보시길 부탁드린다.

예수님께서 생명책을 들여다보고 계신다. 물론 내 이름이 거기 있다. 그리고 그 옆에는 수많은 메모들이 적혀 있다. 그렇지, 나는 몇 번 죄수들을 방문했었다. 병문안 카드, 위로 카드, 생일 카드 같은 것들을 자주 보냈었다. 아픈 사람들을 자주 방문해서 기도도 해 주었고, 옷장에서 좋은 옷들을 고르고 신발도 골라서 주었고, 내 부엌 찬장과 냉장고에서 직접 음식을 꺼내 대접한 적도 있다. 아, 적선한 돈을 잊으면 안 되지. 하나님께서는 내가 가난한 이들을 돕느라 주었던 금액을 모두 적어 두셨다. 그분은 내가 내 딸의 친구 한 명을 데리고 와서 고등학교와 대학을 마칠 때까지 뒷바라지하며 그녀를 내 친딸처럼 보살핀 것도 기억하셨다.

예수님께서는 내가 이 세상에서 했던 일들의 목록을 죽 훑어보셨다. 하지만 그분이 이렇게 물으셨을 때 난 근심에 빠졌다. "셀마야, 왜니? 이 모든 일들을 한 이유가 뭐니? 나를 위해서였니, 아니면 너를 위해서였니? 그리고 나를 사랑해서 내 말에 순종하기 위해서 이렇게 한 거니? 아님 날마다 네가 숨쉬는 순간마다 내가 네게 주는 끈질기고 조건 없고 확고부동한 이 사랑으로 너도 사람들을 사랑했기 때문에 이렇게 한 것이니? 아니면 사람들에게 깊은 인상을 남기고 네 스스로를 드러내려고 한 일이니? 셀마, 너는 진정 내 양을 먹였니?"

몸을 물에 잠그면서, 나는 약 2년 전에 읽은 릭 하워드와 제이미 래쉬가 쓴 「이것이 너의 인생이었다」 라는 훌륭한 책에 대해 생각했다. 이 책의 골자는 모든 사역자들이 마음 속에 단 한 가지 목적을 품고 일해야 한다는 것이다. 바로 하나님의 영광을 위해서! "하나님의 동역자들"(9절)의 뜻이 무엇인가를 말하는 고린도전서 3장을 꼭 읽어보기를 권한다. 우리가 그리스도와 그분의 영광이라는 올바른 기반을 마음 속에 세우기만 한다면, 우리가 다시금 그리스도의 심판의 자리로 나가게 될 때 그동안 한 모든 일이 불로 시험을 당할 것이지만 타서 사그러지지는 않을 것이다. 그 대신, 우리의 헌신에 대한 보상으로 금은 보석들을 받게 될 것이다. 즉 그것이 바로 영속하며 "실패하지 않는 사랑의 열매를 거두는"(호 10 : 12)것으로 우리가 그리스도를 위하여 할 수 있는 오직 한 가지인 것이다.

베푸는 것은 언젠가 우리에게 돌아온다는 것이 확실하다. 그것이 바로 그분이 약속하신 바가 아닌가? "…사람이 무엇으로 심든지 그대로 거두리라…낙심하지 말지니 피곤하지 아니하면 때가 이르매 거두리라"(갈 6 : 7-9) 그것이 하나님의 신실하시고 확고부동한 사랑이 행동으로 옮겨지는 모습이다. 시편 기자는 신실하신 하나님께서 "늙기까지 의인이 버림을 당하거나 그 자손이 걸식함을 보지 못하도록 약속하신 것"을 반추한다(시 37 : 25). 사실 그분은 우리가 베풀 때 "…곧 후히 되어 누르고 흔들어 넘치도록 하여…"(눅 6 : 38) 우리가 다시 받게 될 것임을 약속하고 계신 것이다.

하나님의 사랑은 끝이 없고, 경이로우며 확고부동하시다 – 에번스 여사처럼. 그녀는 주어진 대부분의 삶을 하나님의 양을 먹이는 데 바쳤다. 당신은 어떠한가?

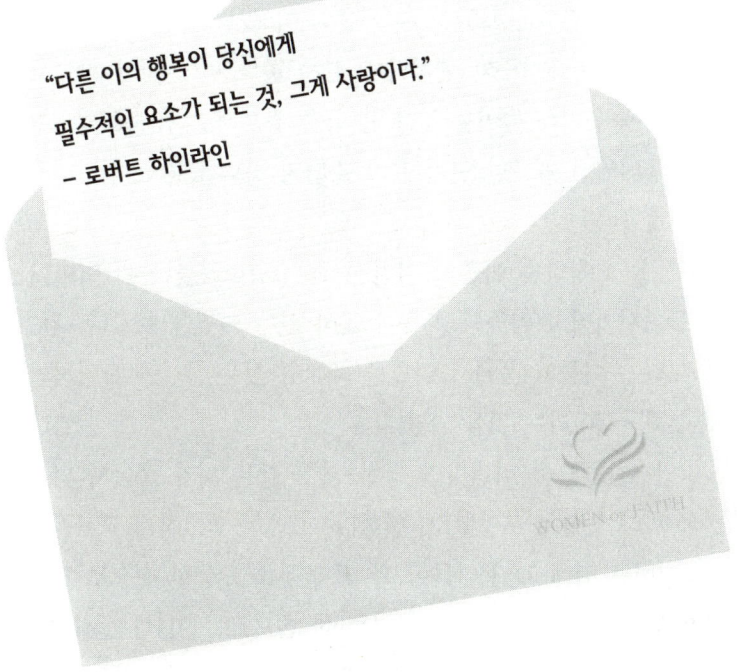

"다른 이의 행복이 당신에게
필수적인 요소가 되는 것, 그게 사랑이다."
– 로버트 하인라인

연필 끝

~ 마릴린 미버그

열두 살 난 소년이 No. 2 연필로 심장을 찔리다.

이런 신문 기사를 보았을 때 기분이 어떤가? 이건 괴상하지만 엄연한 실화다. 몬태나주의 헬레나에 사는 한 소년이 자기 방에서 축구공을 벽에 퉁기는 놀이를 하다가, 공을 잡으려고 침대로 달려든 순간 거기 놓여있던 뾰족한 연필이 그 소년의 가슴을 뚫고 심장까지 박혀 버린 것이다.

도움을 요청하는 아들의 미친 듯한 고함소리를 들은 어머니는 방에 들어서자마자 아들의 가슴에 꽂혀 있는 연필을 보았다. 간호사로서 그녀는 아들의 몸에서 연필을 빼내고 싶은 본능을 느꼈지만 참는 것이 최선책이라는 것을 알았다.

만약 그렇게 해 버린다면 당장 억수 같은 피가 뿜어져 나오겠고, 결국 과다 출혈로 사망할 게 뻔했다. 그래서 완고하게 공포를 짓누르며, 그녀는 겁에 질린 아들이 획 빼지 못하도록 한 손으로 연필 끝의 분홍색 고무 지우개를 가리고 다른 한 손으로는 911을 돌렸다.

CAT(컴퓨터 엑스 레이 단층 촬영 – 역자) 스캔을 한 결과, 연필은 아이의 심장을 관통했을 뿐만 아니라 판막까지 지나갔다. 개심(開心) 수술이 필요했다. 그건 그나마 가장 가까운 160Km 떨어진 곳에 있는 심장 전문의와 인공 심폐 설비가 준비된 곳으로 헬리콥터를 이용해 옮겨야 함을 의미하는 것이었다.

3시간 뒤 소년은 마침내 수술대 위에 뉘여졌다. 의사는 심장의 우심방을 심박 정지시키고, 혈액 공급을 인공 심폐로 돌린 후에 손상 부분을 치료하기 시작했다.

수술은 성공적으로 끝나고 의사는 말하기를 만약 연필이 소년의 몸속으로 조금만 방향을 다르게 틀어 들어갔다면 심장의 피 공급 기관을 치명적으로 손상시켰을 것이라고 했다. 또한, 연필을 즉시 잡아빼지 않고 분별력 있게 처신한 어머니 덕분에 혈액 손실이 거의 없어 수술하는 동안 전혀 수혈이 필요 없었다고 했다.

그리고 놀랍게도 아무런 감염도, 연필 심의 납에 의한 어떤 오염도, 더 이상의 심장 손상도 없었다. 3주가 채 못 되어 소년은 학교에 가고 싶어 좀이 쑤실 정도로 회복이 되었다.

나는 이 드라마틱한 이야기를 여러 다른 각도에서 심사숙고해 보았다. 먼저 그 끔찍스런 사건을 전체적으로 볼 수 있었던 어머니의 능력, 아들을 위한 가장 최선책을 고른 그 행동에 감명을 받았다.

아들을 살릴 수 있는 가장 좋은 방법이 무엇인가 알아챌 수 있었던 능력 덕분에 그녀는 자식의 가슴에 박힌 화살과도 같은 그 연필을 제거하고픈 본능과 싸워나갈 수 있었다.

그 굳건한 결정이 아들의 목숨을 살린 것이다. 아마도 그 당시에 어머니의 그런 행동은 아들이 도저히 이해할 수 없었을 것이다. 신경이 극도로 예민해진 와중에 아들은 왜 어머니가 자신을 도와주지 않는지 궁금해하고도 남았으리라.

왜 그런 고통과 공포를 감내해야만 했는가? 왜 기다려야 했을까? 정말 이해할 수 없는 일이었다. 어머니와는 다르게 그 아들은 더 큰 그림을 볼 수 없었던 것이다.

심장을 관통한 화살을, 몸을 지치게 만드는 고통을, 영혼을 갉아먹는 절망을 즉시 제거하고 싶은 것은 얼마나 당연한 일인가.

우리는 시편 기자처럼 부르짖는다. "하나님이여 침묵치 마소서 하나님이여 잠잠치 말고 고요치 마소서"(시 83 : 1) 다른 말로 하자면, "제발 뭔가 해 주십시오. 바로 지금 말입니다!"

빨리 고쳐 달라는 나의 소망에 담긴 문제점은 내게 돌아오는 궁극적인 선을 위해 하나님만이 아시는 큰 그림을 내가 놓쳐버릴 수 있다는 것이다. 그 선함은 종종 기다림 방식을 동반하여 나타나는데, 나는 기다리는 것을 좋아하지 않는다.

때때로 나는 "하나님, 저는 지금 원한다고요!" 하고 빌면서 천국의 문을 쾅쾅 두드린다. 하지만 하나님의 사랑은 확고부동하시다. 또한 자비로우시다. 그렇게 기다려야 할 때, 나는 또 다른 시편 기자가 드렸던 기도에 담긴 진리를 경험했다. "내 속에 생각이 많을 때에 주의 위안이 내 영혼을 즐겁게 하시나이다"(시 94 : 19)

내가 가장 힘겹게 도움이 필요할 때, 걱정으로 핑핑 도는 생각들이 날 덮쳐올 때, 하나님께서는 종종 나를 진정시키시고 위로해 주신다. 그 시간들은 내가 아는 가장 아름다운 순간들이지만, 그걸 알면서도 나는 빠른 응답을 원할 때가 있다. 그러나 하나님께서는 무엇이 나의 신뢰를 증진시키고 믿음을 키우며 나의 영적인 이해력을 넓힐 수 있는지를 더 잘 알고 계신다.

나를 향하신 그분의 완전한 사랑 속에서, 그리고 내가 받을 수 있는 최고의 선을 주시려는 확고부동한 속에서, 그분은 이렇게 말씀하신다. "너의 길을 여호와께 맡기라 저를 의지하면 저가 이루시고…여호와 앞에 잠잠하고 참아 기다리라…"(시 37 : 5-7)

그분의 달콤한 위로에 대해 알려 주시려는 것에 더해서, 기다림은 나의 믿음도 시험했다. 사실을 말하자면, 내 믿음이 그렇게 시험받기 전까지는 내 믿음의 강도가 어떠한지 전혀 알지 못했었다. 그런 시험이 닥쳐올 때마다 난 내가 분명 믿음이 있다는 것을 확신하긴 했지만 대부분의 경우 지금 있는 것보다 더한 믿음이 필요하다는 것, 또한 알 수 있었다.

하지만 믿음이란 은사다. 스스로 올리려 하거나 말해서 되는 것이 아니다. 그래서 나는 고민하면서 내 믿음이 커지도록 요구해야만 했다. 그 필요, 그 기다림이 아니었다면 난 빠른 응답 대신 믿음을 수리할 필요가 있음을 깨닫지 못했을 것이다.

우리 대부분은 자기를 공격하는 연필이나 화살을 피하고 싶어한다. 하지만 우리를 향한 주권적이고 지혜로우며 또 확고부동한 사랑의 하나님께서는 급하게 달려들어 우리의 순간적인 통증을 가라앉혀 결국 지금보다 더욱 나쁜 지경으로 몰아넣는 일을 하기 원치 않으신다.

오직 하나님만이 우리가 앞으로 될 모습, 주님의 모습과 닮아가기 위해 필요한 것들의 큰 그림을 가지고 계신 것이다.

우리가 잠잠하여 기다리는 동안, 그분은 주의 깊고 또 정확하게 우리에게 필요한 심장 수술을 행하신다. 또한 우리를 깊게 관통하고 있는 그 고통을 언제, 또 어떻게 제거하실 것인지 그분은 잘 알고 계시며, 우리가 두려워하고 있는 것들에도 불구하고 과다 출혈로 사망케 하는 일 없이 수술을 끝내신다.

찰스 스펄전(Charles H. Spurgeon)은 이렇게 말했다. "나는 주님이 일하시는 작업장에서 다른 어떤 것들보다 그분의 불과 망치, 다듬이 줄이 지금의 나를 만들었다는 사실에 기꺼이 증인이 되겠다. 가끔 생각해 보면, 하나님의 회초리 끝말고 다른 게 날 가르쳤던 적은 없었던 것 같다. 이 교실이 가장 어두울 때 나는 가장 많은 것을 본다."

나도 그렇다.

하나님께서 지금 이 순간 당신의 삶에서
행하시는 모든 것을 신뢰하는 것이 최선이다.
그분은 모든 것을 알고 행하시기 때문이다.

WOMEN OF FAITH

위대한 아베나

~ 루시 스윈돌

내가 이 세상에서 가장 사랑하는 장소 중 한 곳이 바로 아프리카다. 친구 니콜 존슨은 이렇게 말하기도 했다. "아프리카는 단순히 나라가 아니야. 모든 것이지 - 동물, 사람, 온 몸으로 느껴지는 생동감. 그곳은 모두 관련되어 있어."

올드 카옴크롬페라는 작은 마을 이름을 들어본 적이 있는가? 물론 못 들어봤을 것이다. 3개월 전에는 나도 그랬으니까. 그 마을은 서아프리카의 가나 중부, 아테부부(Atebubu) 지역에 숨겨져 있다. 그러나 진정으로 말하건대, 그곳은 지도에 분명히 표시되어 있으며 영원히 내 맘속에 새겨져 있다. 왜냐하면 그곳에 가족이 있기 때문이다.

월드비전에서 "믿음의여성협회" 강연팀에게 가나 방문을 주선했을 때, 셀마와 나만이 갈 기회가 되었다. 하지만 우리 여섯 명 모두가 기도와 재정으로 한 가정씩 후원은 하고 있었다. 이제 날마다 나는 그 아프리카의 형제 자매들을 생각하며, 전세계의 도움이 필요한 사람들을 가족 단위로 맺어 생계 문제를 도와주는 그런 프로그램의 한 부분이 되었다는 것에 감격을 느낀다.

내가 후원하기로 한 집안은 괌비아였는데, 가족들 중에 어머니 아베나는 진정 놀라운 여인이었다. 그녀는 45세로 글을 모르는 농부였는데 아이 여섯, 손녀 하나, 조카 둘, 노모, 중풍으로 10년째 집 안에 죽치고 있는 아저씨까지 가족 11명을 혼자서 부양하고 있었다.

이 가족을 후원하게 되면서 나는 나 혼자만을 생각하던 이기적인 사람에서 벗어나 12명의 타인을 원조하는 흥분과 책임감을 얻게 된 것이다. 마치 하룻밤 새 나만의 축구팀을 입양한 것이다. 그 기분은 정말 좋았다.

그 이유가 여기 있다. 가만히 아베나를 떠올리고 있으면 그녀가 책임지고 있는 그 부양 가족들은 고사하고라도, 가장 비참한 환경 아래서 자기 육신과 영혼을 하나로 지킬 수 있게 도와주는 그녀의 그 완고한 사랑과 헌신을 나는 도저히 상상조차 할 수가 없었다.

매일 매일 그녀는 3Km를 걸어 조그만 밭뙈기로 가서 6시간에서 8시간동안 일한다. 타는 듯한 태양을 등에 지고 엎드려서, 손으로 만든 괭이와 마체테(중남미에서 쓰는 벌채용 칼 - 역자) 단 두 가지 도구를 가지고 씨를 뿌리고 잡초를 뽑고 알곡을 거둬들인다. 일을 마칠 시간이 되면 그녀는 얌(마과의 일종 - 역자)이 든 12Kg이나 나가는 부대자루를 머리에 이고 마을로 돌아온다. 또 해가 지면 그녀는 얌의 껍질을 까고 부수고 요리하여 밀가루 반죽 비슷하게 만드는 힘든 일을 시작한다. 저녁식사 준비를 하는 것이다.

아베나의 남편은 4년 전에 이슬람교로 개종하고 두 명의 아내를 더 얻은 후 그녀를 버렸다. 그는 그녀나 자녀들에게 어떤 재정적인 지원도 해 주지 않았다.

가족들은 정말 수리가 필요한 집 비슷한 조그만 공간에 살게 되었다. 그곳은 진흙 벽돌로 지었고, 잔뜩 녹이 슨 양철 지붕으로 되어 있었다. 가족 12명은 거기서 자고 먹고 모든 일을 했다. 만약 우리라면 그곳을 "불평쟁이들의 천국" 이라고 불러도 수긍했을 것이다. 하지만 여긴 그게 아니었다.

곰비아 가족을 방문했을 때 그들은 모두 미소를 짓고 있었으며, 너무나 즐거워했으며 또 친절했다. 자기 마을과 집을 방문해 준 우리를 정말로 환영하는 모습이었다. 아이들은 모두 예의가 있었으며, 또 우리 마음에 기쁨으로 다가왔다.

통역사를 통하여 아베나는 자신의 삶에서 하나님의 손길을 본다고 내게 털어놓았다. "상황은 비록 이렇지만 우리는 음식과 살 곳이 있어요. 하나님의 은혜가 아니라면 이럴 수는 없지요."

극심한 고난을 겪어나가는 중임에도 불구하고 아베나는 내가 그동안 보아온 이들 중 가장 아름다운 얼굴과 자태를 지닌 쾌활하고 다정한 여성이었다. 늘 무거운 물건을 머리에 이고 다녀야 하는 고생이 똑바른 자세로 설 수 있는 비밀이었음이 틀림없다고 나는 결론을 내렸다.

나도 해 보았지만 딱딱한 땅에 귀한 저녁식사를 떨어뜨릴 뻔한 뒤로는 그냥 포기하고 앉고 말았다. 포기하고 앉는 것도 그리 나쁜 건 아니구나 생각했을 때, 모였던 마을 사람들은 모두 따뜻한 웃음을 웃었다.

방문을 마칠 때가 다가오자 아베나는 월드비전 사람들 중 한 분에게 몇 년 동안이나 자기 가족을 도와줄 사람이 생기기를 기도해 왔으며, 그 일이 생길 때까지 살아있게 되어서 너무나 기쁘다고 말했다.

나는 울었다. 우리 모두 울었다. 바로 그날 우리는 한 여인의 기도가 응답 받는 자리에 증인이 된 것이었다.

"위대한 아베나" 난 그녀를 그렇게 불렀다. 부족한 소득, 하지만 바다 같은 마음을 지닌 여인, 생활 수단이 떨어지고, 그 뿐만 아니라 빠져나갈 수 없는 힘든 생활의 먼지 속에 묻혀버릴 순간에도 충분히 버틸 만한 확고부동한 사랑을 가진 여인이었다. 하나님께서는 아베나에게 가장 힘든 환경의 한가운데서도 소망을 찾는 길을 열어 주셨고, 또한 전세계 모든 이에게도 그렇게 하고 계신다.

서아프리카 방문 이래로 우리 단체 "믿음의여성협회"는 월드비전을 통하여 아테부부의 1,000 가정을 후원해 오고 있으며, 그 거대한 나라의 다른 지역에도 원조의 손길을 뻗치고 있다. 전 미국의 여성들이 이 사랑과 격려라는 아름다운 프로그램에 재정적으로 동참하고 있는 것이다.

하나님께서는 자기 백성의 후한 마음씨를 높이신다. 우리는 그 일이 되풀이되어 일어나는 것을 보아 오고 있다.

이사야서에는 이런 말씀이 있다. "이는 나 여호와 너의 하나님이 네 오른손을 붙들고 네게 이르기를 두려워 말라 내가 너를 도우리라 할 것임이니라"(사 41 : 13)

너무나 놀라운 약속이 아닌가? "내가 너를 도우리라" 아베나는 믿음으로 굳게 매달렸고, 하나님께서는 그런 그녀를 도우셨다. 나도 원조의 손을 놓지 않고 있으며, 하나님께서는 그런 나를 도우신다.

가장 멋진 것은 하나님의 사랑하시는 손길 안에서 우리 둘을 붙드시고 도우신다는 사실이다. 이것이 오늘도 활동하시는 하나님의 확고부동한 사랑이다.

올드 카옴크롬페 마을에 들어간 그날, 우리는 노래를 하나 지어 불렀다. "올드 카옴크롬페에서는 마음이 기뻐져요. 올드 카옴크롬페에서는 마음이 기뻐져요."

우리는 진흙 벽돌로 지은 그 금방이라도 무너질 듯한 먼지 투성이의 누추한 마을 집으로 들어가면서, 웃으며 이 노래를 불렀다. 그곳

사람들은 이미 그 말씀들을 마음 속에 간직하고 열정적으로 살아왔다
는 사실을 그제야 깨닫게 된 것이다.

"사랑은 훌륭한 화장품이다."
– 루이자 메이 올코트

샌들 좀 건네 주실래요?

~ 마릴린 미버그

1년 전 나는 내 인생에서 가장 활기를 맛보았고, 또 영혼을 살찌운 그런 여행을 했다. 아들 제프와 며느리 칼라, 친구 패트와 함께 우리는 라디오 진행자이자 목사인 찰스 스윈돌의 이스라엘 성지 순례 투어에 몇 백명의 사람들과 함께 합류했다.

정말 솔직히 말하자면 나는 그 여행을 별로 기대하지 않았었다. 난 내가 왜 가는 것인지 스스로 질문해 봐야 할 정도였다. 열정이 솟지도 않는 일에 왜 시간과 돈을 들여야 하는 것일까? 이런 생각들로 인해 나는 괜한 죄의식을 느끼며 이렇게 자위를 했다.

'마릴린, 예수님을 믿고 성경을 읽는 성도로서, 예수님께서 보셨고 말씀에도 언급하셨던 장소들이라면 봐둘 필요가 있는 거야. 결국 시야도 넓어지고 이해력도 깊어지게 되는 거지.' 그렇게 스스로에게 훈계하며, 나는 멋진 음식과 따뜻한 품성의 사람들이 있는 투스카니의 부드럽고 해바라기가 지천으로 깔린 언덕들의 몽상을 하고 있는 스스로를 나무라려고 애썼다. 왜 그곳에 가지 않고, 왜 빌린 피아트(이탈리아제 자동차의 일종 - 역자)를 탈 수 있는 기회를 무시하면서 북적대는 투어 버스 안에서 멀미하는 일을 택했을까?

그 당시에 그 거룩한 땅으로 가는 여행에서 가장 마음에 드는 점은 두 주 동안 내 아들 제프와 함께 보낼 수 있다는 사실이었다. 그 아이는 내 소견으로 이 땅에 걸어 다니는 청년들 중 가장 재미있고 재능 많은 젊은이였다!

그 여행에 대한 나의 뜨뜻미지근한 열정에도 불구하고, 텔아비브에 도착한 후 몇 시간도 채 되지 않아 내가 마음 속으로 생각했던 모습은 완전히 바뀌기 시작했다. 그것은 단지 숙박 시설이나 음식 그리고 같이 여행하는 사람들이 환상적으로 멋져서 그런 게 아니었다. 하나님께서 이곳에 계셨고, 계속 이곳에 계시며, 앞으로 영원히 계실 것이라는 믿음의 분위기로 넘쳐나고 있었던 것이다.

캘리포니아 팜 디저트의 집에서는 하나님을 찾기 위해서 집 주위를 정찰 하며 돌아다녀야 했다는 말을 하려는 것은 절대 아니지만, 여기서는 우리가 성경적으로 중요한 유적지를 정신 없이 돌아다니는 동안 내내 거의 명백한 임재가 느껴졌다. 그 각 장소들의 역사는 풍요롭게 움직이고 영적으로 가치 있게 다가왔다.

우리 모두가 가이사랴의 한 로마 극장에 앉자, 스윈돌이 간단히 언약과 언약을 체결하시는 하나님으로서의 주님에 대해서 설교를 했다. 우리처럼 교회 안에서 자라온 사람들에게 그 "언약"이라는 단어는 꽤 친숙하다. 하지만 나는 자신도 모르게 그 단어를 새로운 에너지와 흥미를 가지고 주의 깊게 듣고 있었다. "언약(Covenant)"은 "같이 묶는다."는 뜻이다. 이것은 두 개인간에 함께 할 수 있는 가장 고귀한 형태의 헌신이었다. 누군가와 언약을 맺는다는 것은 "약속한다(promise)."는 것보다 훨씬 진중하고 결속력이 강한 것이었다.

언약을 실행하기 위해 사람들이 행하는 의식 몇 가지를 회상하면서 나의 상상력은 다시 날개를 달았다. 칼을 건넨다. 그 두 사람이 적군에 대항해 하나로 합쳐질 것임을 나타내는 것이다. 혹은(이건 내가 싫어하는 부분인데) 짐승 한 마리를 둘로 갈라서 반쪽을 상대방에게 주는데, 그것이 상징하는 바는 비록 둘로 갈라져 있을지라도 여전히 한 마리의 짐승이므로, 언약을 맺은 두 사람은 한 사람이 될 수 있다는 것이다.

내가 더욱 감동 받았던 것은 그 두 사람이 자기 샌들을 서로 맞바꾸는 의식이었는데, 그건 여행을 하게 될 때 얼마나 먼 곳이든지 서로 함께 있어 줄 것을 상징하는 동작이었다.

그렇다면 하나님께서 창조물과 처음 맺으신 언약은 얼마나 놀라운가! 나는 커다란 로마식 포석을 걸어 33번 버스로 돌아오면서 이런 생각을 했다. 아브라함과 이삭과 야곱의 하나님께서는 "내가 내 장막을 너희 중에 세우리니… 나는 너희 중에 행하여 너희 하나님이 되고 너희는 나의 백성이 될 것이니라"(레 26 : 11-12)는 말로 그들과 그들을 잇는 자손들과 언약을 맺으셨다.

그리고 그에 못지 않게 놀라웠던 것은 그 언약을 존중해야 함에 있어 그 백성들이 보여 준 뻔뻔스러운 무시였다! 선지자 예레미야를 통해서 그것에 대해 하나님의 경고를 받았을 때, 이스라엘 백성들의 응답은 이랬다. "이는 헛된 말이라 우리는 우리의 도모(圖謀)대로 행하며 우리는 각기 악한 마음의 강퍅한 대로 행하리라"(렘 18 : 12) 어떻게 그럴 수가!

어떻게 그들은 만유의 하나님과 하나되는 그런 언약을 그렇게 거절해 버릴 수 있었단 말인가? 바보 같으니! 그럼에도 하나님께서는 그들과 함께 하셨다. 하나님께서는 왜 이런 변덕쟁이 백성들과 더욱이 "하나되는" 일을 원하셨던가? 그들이 비웃으며 행했던 불순종이 있은 후 몇 세기가 지나 그분은 어떻게 "…내가 그들의 죄악을 사하고 다

시는 그 죄를 기억지 아니하리라"(렘 31 : 34)는 용서의 말씀을 하실
수 있었단 말인가?

난 투어 버스가 움직이는 것을 느끼며 이렇게 생각했다. "흠, 언약
을 맺었건 안 맺었건 간에 난 버렸을 거야. 결국, 하나님을 버린 건 그들
이 먼저니까."

여행의 마지막이 가까워오면서, 우리는 예루살렘 벽 바깥쪽에 위치
한 툼 정원(Garden Tomb)의 고요하고 아름다운 마당에 모였다. 그
곳은 많은 사람들이 예수님의 십자가 처형과 부활이 있은 위치라고
믿고 있는 장소였다.

꽃이 만발하고 낮게 드리운 나무들이 선 그 정원은 온 방향으로부
터 들려오는 빵빵거리는 소리, 팔고 있는 그릇을 목소리 높여 설명하
는 시장 상인들의 목청, 수백 대의 투어 버스들의 끽끽거리는 변속기
제어음, 회교 사원에서 울려나오는 기도 시보 음 등의 무지막지하게
혼합된 소리들과 뚜렷한 대조를 이루었다. 놀랍게도, 정원 벽 바깥의
온갖 소음에도 불구하고 스윈돌이 우리를 "성찬식(주님을 기억하는
모임)"으로 이끌 시간이 되자 그 장소에는 하늘에서 내려오는 평화의
기운이 감돌았다. 하나님께서 거기 계셨다.

주님의 임재를 느끼고 계속 "언약"이라는 말을 웅얼거리면서, 나는
이스라엘과 맺은 하나님의 언약은 그분의 모든 약속을 이루시기 위하
여 사람의 아들이라는 옷을 입고 하나님 자신이 오실 것을 준비하는
것이었음을 그날 새롭게 깨닫게 되었다. 그 언약을 지키는 데 실패한
이스라엘 백성을 보시며, 하나님께서는 순종할 수 있는 능력을 선사
하게 될 새로운 언약이 필요함을 보여 주셨다.

순종할 수 있는 능력… 그게 바로 우리 모두가 원하는 게 아닌가?
계속 그것을 어기고 결국 다시 끌려와 제자리에 서야 하는 사람은 이

스라엘 백성들 뿐만이 아니었다. 지금까지 살았던 전인류가 그래 왔다. 우리에겐 순종의 능력이 결여 되어 있다. 하나님께서는 당신의 표준이 인간적으로는 불가능한 것임을 아시고, 또 우리 인간도 그것을 안다는 걸 확인하시고 새로운 언약을 주셨다.

완전한 인간(예수)이 십자가에서 죽음으로 우리의 불완전함(죄)에 대한 값을 치러 주시려 아들을 보내셨다. 내가 그리스도와 그 언약 관계로 들어갔을 때, 나는 은혜로 씻기어지고 그분의 백성 중 하나로 환영받는 것이다. 또한 나의 불완전함은 용서되고 하나님께서는 그것을 잊으신다.

이 모든 것을 잘 파악하고 일관성 있게 적용하는 일은 언제나 내게 도전이 될 것이다. 비록 성경은 불순종하고자 하는 경향을 나 스스로 제거할 수 없고 그것에 관한 어떤 일도 할 수 없다고 반복하여 말하고 있지만, 그분의 힘 주심 없이는 내 겉과 속 그 어느 부분도 나 스스로가 순종할 수 있는 능력을 주지는 못하리라.

새 언약을 내가 진실로 믿는다면, 나는 내가 선한 일을 원하는데도 역설적으로 그렇게 되지 못하는 상황을 만드는 분이 내 안에 살고 계신 하나님의 성령이라는 것을 알게 될 것이다.

바울 사도가 썼듯이 "내 속 곧 내 육신에 선한 것이 거하지 아니하는 줄을 아노니 원함은 내게 있으나 선을 行하는 것은 없노라 내가 원하는 바 선은 하지 아니하고 도리어 원치 아니하는 바 악은 행하는도다 만일 내가 원치 아니하는 그것을 하면 이를 행하는 자가 내가 아니요 내 속에 거하는 죄니라"(롬 7 : 18-20) 그런 갈등에 대한 대답은 새 언약의 내용을 받아들이느냐의 여부에 달려 있다. 내 안에 사시는, 내가 할 수 없는 것을 생산해 내시는 분이 예수 그리스도시라는 언약을 말이다.

그렇게 굉장한 안심을 주는 마음 뒤에 있는 것이 바로 하나님의 사랑이다. 결코 나를 놓지 않으실 확고부동한 사랑, 너무나 끈질기고, 너무나 은혜롭고, 또 깊이를 측정할 수 없어서 그분은 가장 높은 대가를 치르시고 나와 새 언약을 기꺼이 맺으셨다. 그 언약은 내가 하염없이 하찮아질 때라도 나는 그분의 것이며, 그분은 나의 것임을 확신시켜 주시기 위한 것이다.

나는 우리 모두가 새 언약의 은혜 안에서 몸을 풀고 - 아, 그렇지 - 건네져 오는 샘들을 받을 만큼 격려를 받아야 한다고 생각하고 있다.

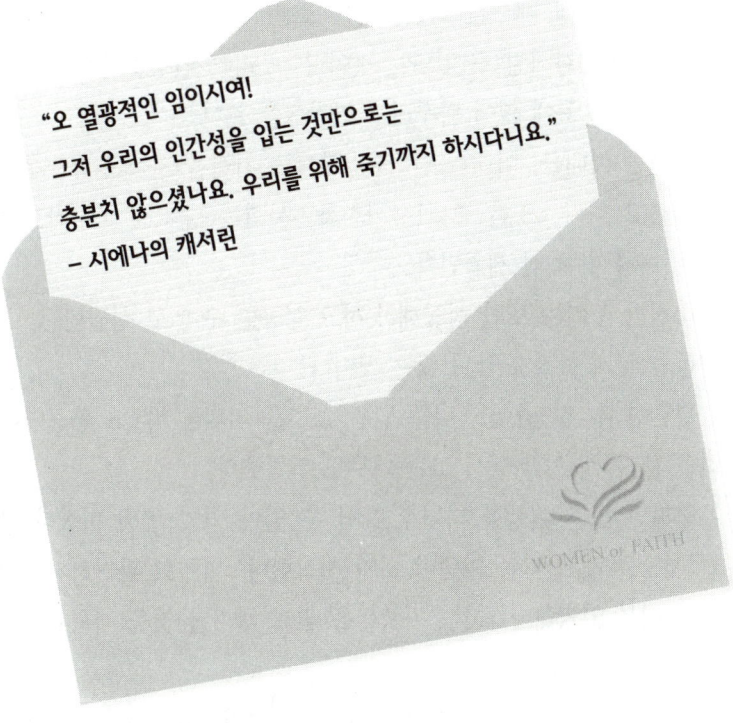

"오 열광적인 임이시여!
그저 우리의 인간성을 입는 것만으로는
충분치 않으셨나요. 우리를 위해 죽기까지 하시다니요."
– 시에나의 캐서린

WOMEN OF FAITH

예수님이라면 어떻게 하실까?

~ 셀마 웰스

인류가 가장 배우기 힘들어하는 교훈 중 한 가지는 바로 누구도 한 인간을 변화시킬 수 없다는 것이다. 우리는 인생을 살면서 타인을 우리가 만든 틀에 넣어 바꾸려고 안간힘을 쓴다.

남편은 아내를, 아내는 남편을, 부모는 자식을 자식은 부모를 변화시키려고 한다. 또한 종교는 사회를, 사회는 종교를 바꾸려고 애쓴다. 얼마나 헛된 긴 세월인가.

하지만 우리는 또한 성공해야 하고 성공할 수 있고 성공할 것이라는 믿음을 굳게 붙잡고 놓지 않는 것이다!

결혼한 후 몇 년 간, 나는 남편 조지를 바꿔놓겠다고 공공연히 말하곤 했다. 결혼할 당시 그는 너무도 완벽했다.

하지만 신혼 여행을 다녀오고 난 후 얼마 안가 변해 버렸다! 사소한 것들로 해서 나는 짜증이 나기 시작했다. 말투도 완전하지 못했고 말도 너무 없었다. 그리고 가족들을 위해 재미난 것을 계획할 생각조차 안 하고 살았다.

간단히 말해, 그는 도움이 필요했다! 그의 아내로서 내가 생각하는 이상에 의거하여 그를 다시 완벽한 사람으로 만드는 것은 나의 임무였다.

이 문제에 대해 그와 상의했을 때, 조지는 이렇게 답했다.

"여보, 이게 바로 나라는 인간이고, 당신이 날 바꿀 수는 없어. 이 부부 관계에서 변한 사람이 있다면 그건 바로 당신이야."

나는 믿을 수가 없었다. 그는 자기가 아닌 내가 변했다며 비난하고 있었다! 흐으으음.

세월이 지나면서 완벽한 결혼에 대한 우리의 갈등은 생활 습관과 그것에 따르는 즐거움으로 약간은 해소되었다.

우리는 아름다운 집을 가지게 되었고 새 차를 몰았다. 나는 가장 유명한 백화점에서 쇼핑을 했고, 「보그(Vogue)」지에서 막 걸어나온 듯한 차림의 옷을 입었다.

그리고 나는 25살 때 상속받은 다이아몬드 반지와 맞춤 주문한 밍크 코트를 입고 다녔다. 하지만 행복하지 않았다. 그것으론 충분치 않았다.

우리의 결혼은 변화가 필요했고 조지도 변화가 필요했다.

그 당시에 나는 첫딸인 비키에게도 역시 변화가 필요하다는 것을 알게 되었다. 그 애는 자기 아버지를 꼭 닮아서 혼자 있기를 좋아해서 텔레비전 앞에 앉아 꼼짝도 하지 않거나 방에 틀어박혀 책만 읽었다. 너무나 조용했다. 특히 엄마로서 딸이 좀 매력적으로 보여 주었으면 싶은 상황이 되면 더욱 그랬다.

비키를 사람들에게 소개하면 그 애는 미소 한번 짓지 않고, 친근해 보이려는 시도조차 하지 않은 채 그들을 보며 냉담하고 무관심하게 입 속에서 "안녕하세요" 라고 우물거렸다. 아무것도 없이, 그저 "안녕"이었다.

딸애가 12살 나던 어느 날, 교회 사람 몇몇에게 인사를 시켰는데 그 앤 또 우물거리기만 했다. 이젠 참을 수가 없었다.

차에 탔을 때 나는 비키에게 소리를 지르며, 더 이상 너의 무관심과 "무례함"을 참아줄 수가 없다고 말했다. 내가 얼마나 부끄러웠는지 아느냐, 넌 정말로 공손하지 못했다 등등 마구 퍼부었다. 나는 비키의 잘못에 대해 소리치느라 무려 45분이란 시간을 썼다.

내가 입을 다물자, 비키는 내게 이후 절대로 잊지 못하는 그 한마디를 내뱉었다. "내 일에 상관 말아요" 라는 듯 팔짱을 끼고, 비키는 조용히, 하지만 굳게 말했다.

"엄마, 사랑해요. 하지만 난 엄마가 아니에요. 엄마같이 되고 싶은 생각조차 절대로 없어요."

'뭐야? 나같이 되고 싶은 생각조차 없다고! 다시 말해 봐! 어쩌면 감히 그런 말을! 요 감사할 줄도 모르는 계집애!' 나는 머리가 빙빙 돌았다. '내가 뭘 잘못했다고? 내가 배 아파서 낳은 딸조차 날 닮고 싶지 않다는 거야? 난 멋진 사람이야. 내가 잠언 31장에 나오는 그런 완벽한 여인인 걸 딸애는 이해를 못하는 건가?'

난 너무나 화가 났었기 때문에 이제 그 애를 먹여주고 입혀주고 싶은 생각조차 들지 않을 정도였다. 하지만 그럴 수가 없었다. 비키는 내 딸이었다. 하지만 내 가슴은 산산이 무너졌고, 결국 그 애는 내 뱃속에서 나오지 않았나, 날 닮아야 하지 않는가 하는 불평만 쏟아졌다.

하지만 몇 주 지나고 나서, 난 그 애의 말을 이해하게 되었다. 비키가 진짜 한 말은, "엄마, 하나님께서는 저를 엄마나 다른 어떤 사람들과도 같지 않게 만드셨어요. 난 내 고유의 성격과 기호와 소망을 가진 특별한 사람이라고요. 제발 내 모습 그대로 그냥 받아들이시고 내 인격을 존중해 주세요."

현명한 젊은 숙녀로서 비키가 말한 것은 내 안의 성숙함을 여러 수

준에서 재볼 수 있는 촉매제가 되었다.

나는 자문해 보기 시작했다. 왜 난 주위 사람들을 바꿀 필요를 느꼈는가? 그 사람들이 행동하고 말하고 보여 주는 이미지를 내가 원하는 모습으로 고집하는 게 그렇게 중요했을까? 난 뭐가 잘못됐던 것인가? 그들을 내 방식으로 고치는 것에 대해 왜 그리 완고했었나?

내 영혼을 두고 깊이 숙고해 본 결과, 다른 이들의 문제라고 생각했던 모든 것이 사실은 내가 안고 있는 문제였음을 인정할 수밖에 없었다. 그리고 나 스스로의 행동을 관찰해 보고 내 결점을 확실히 인식하게 되었다. 그런 결과 변화될 필요가 있는 사람은 바로 나였던 것이다. 이런!

일단 나 자신의 결점을 보지 못하고 있었음을 깨닫게 되자, 주위 사람들이 그 동안 얼마나 큰사랑과 인내로 날 지켜봐 주었는가를 알 수 있었다.

결혼 후 몇 년 간의 그 험악한 시절 동안, 남편은 결코 날 포기하지 않았고 오히려 나를 은혜롭고 포기하지 않는 사랑으로 감싸주었다. 그는 시간이 많이 걸릴 때도 결코 화내지 않았고 항상 나를 합리적인 시각에서 바라봐 주었다. 요구도 거의 하지 않았으며, 날 믿어 주었다.

맙소사, 내 눈에서 들보를 빼어내고 나니 그렇게 의로운 남성이 내 옆에 있었던 것이다!

난 조지와 비키, 그리고 또 다른 이들을 변화시키려 했던 압박감을 극복한 것이 기뻤다. 이제 남편과 난 결혼한 지 거의 40년이 되어 가는데, 서로 사랑할 뿐만 아니라, 서로 굉장히 좋아하고 있기도 하다.

그리고 딸애와 난 한 도둑 패거리들처럼 정답다. 우리는 진실한 사랑은 혼란 속에서 살아남을 수 있다는 걸 보여 주는 대표적인 예이다.

　적군을 마주한 상황일지라도 천상의 사랑은 인내하고 친절하다는 것을 또한 배웠다. 그건 흠집 찾아내기도 이기적인 것도 아니다. 그리고 결코 실패하지 않는다.

　스스로에게 물어보라 : 당신이 지금 변화시키고 싶어하는 그 사람을 정말 사랑하고 있는가? 그들 그대로의 모습을 받아들일 수 있는가? 그렇지 못하다면, 왜 그렇지 못한가? 도대체 무엇 때문에? 당신의 맘에 들지 않기 때문에?

　하나님께서 우리의 있는 그대로를 받아주신다는 것이 얼마나 감사한지 모른다. 비록 우리가 생각하고 말하고 행동하는 모든 것을 항상 눈감아주시는 것은 아니지만, 여하튼 그분은 우리를 사랑하신다. 그리고 그분은 우리에게 올바른 삶과 그것을 따를 영적인 능력에 대한 지침서도 주신다. 하지만 옳은 일을 하라고 강요하지는 않으신다.

　다만 말씀을 통하여 어떻게 살아야 하는가를 반복, 반복하여 보여 주시고, 말씀하시며, 깨우쳐 주시는 것이다. 그분은 우리가 더욱 풍요하게 살기를 원하시며 그 방법을 정말로 명확하고 간단히 가르쳐 주셨다.

**　네 마음을 다하며 목숨을 다하며 힘을 다하며 뜻을 다하여 주 녀의 하나님을 사랑하고 또한 네 이웃을 네 몸과 같이 사랑하라(눅 10 : 27)**

　그러므로 사랑하는 친구들이여, 다음에도 또 누군가를 바꿔 보려고 애쓰고 있는 자신을 깨닫게 된다면 자문해 보라. 예수님이라면 이 사람을 어떻게 사랑하셨을까? 그분은 어떻게 하셨을까? 그래서 나오는 대답에 당신은 놀라게 될 것이다.

당신에게 가르쳐 주시는 사랑의 방법에 대해서도 놀랄 것이며, 또한 얼마나 확고부동하고 또 은혜롭게 당신을 사랑하고 계시는지를 깨닫고 더욱 놀라게 될 것이다!

당신의 속에 있는 모든 것으로 주님을 사랑할 때,

그리고 이웃을 당신 몸과 같이 사랑할 때,

당신은 모든 것을 이룬 것이다!

"그게 네 마지막 대답이냐?"

~ 바바라 존슨

미국의 황금 시간대에 하는 게임 쇼인 "누가 백만 장자가 되고 싶어하는가?"를 본 사람이라면, 레지스 필빈이 내뱉는 질문과 함께 나오는 아주 외설적인 서스펜스를 알고 있을 것이다. '정말 이 답을 고를 준비가 되어 있나? 내 지갑을 현금으로 두둑하게 만들어 줄 대답을 하든지, 아니면 부끄럽게 패해서 무대를 내려가야겠지.'

출연자들은 마치 각 질문들에 대해 어떻게 대답해야 하는지 영혼을 걸고 몰두해 있는 것 같다. 난 정말 그 쇼에 눈길조차 주기 싫다. 보고 있으면 복통이 다 난다.

때때로 인생이란 하나의 크고 긴 질문의 연속인 것 같다. 가끔씩은 그 질문이 너무나 어려워서 "올바른" 대답을 하지 않으면 재앙이 닥칠 것 같은 생각도 들곤 한다.

우리는 뭐든 다 시도해 보고, 연약한 두뇌를 혹사하며, 우리에게 허락된 모든 "생명줄"을 다 써 버린 것 같은… 그리고 해결하기 어려운 문제 앞에서 해답도 없이 남겨지곤 한다. 어떤 때는 뭐가 옳은 "질문"인지조차 모를 때도 있다.

그럴 때면 시편 기자처럼 울부짖고 싶다. "하나님이여 내 기도에

귀를 기울이시고 내가 간구할 때에 숨지 마소서 내게 굽히사 응답하소서 내가 근심으로 편치 못하여 탄식하오니"(시 55 : 1-2), 그리고 하나님께서는 우리가 부르짖을 때에 응답하겠다 약속하셨으며 우리가 알지 못하는 "크고 비밀한 일"을 보여 주시겠다고 하셨다(렘 33 : 3). 다만, 그분께서 언제, 어떻게 무엇을 응답해 주신다는 것인지 받아적을 수가 없다는 것이 문제일 뿐이다. 제길!

사실 신명기의 저자는 오직 하나님 여호와께만 속한 "오묘한 일"이 있다고 썼다(신 29 : 29). 그분께서 우리에게 많은 신비로운 것들을 보여 주시고 또 그 나타난 계시들이 "…영구히 우리와 우리 자손에게 속하였나니 이는 우리로 이 율법의 모든 말씀을 행하게 하는" 동안에 (신 29 : 29), 하나님께선 우리의 모든 요구에 일일이 응답해 주신다고 약속한 적은 절대 없으시다.

반드시 천국에 가서 그분의 면전에 서게 되었을 때야 듣게 되는 응답도 있는 것이다. 그런 후에 우리는 과연 천국에서 그 질문들을 상관이나 하게 될까? 그걸 문제라도 삼게 될까?

인간의 영혼은 원래가 "왜?" 라는 깊은 울부짖음으로 채워져 있다.

오늘날 우리가 천국 문을 두드리며 외치는 "왜!"는 몇 세기에 걸쳐 메아리친다. "왜 내게 이런 일이?" 리브가는 수 년 동안 아이를 낳지 못하다가 쌍둥이를 임신하고는 주께 그렇게 물었다(창 25 : 21-22).

"…너희가 어찌하여 악으로 선을 갚느냐" 요셉은 반역한 형제들에게 이렇게 물었다(창 44 : 4). "어찌하여 곤고한 자에게 빛을 주셨으며 마음이 번뇌한 자에게 생명을 주셨는고" 욥은 비탄에 젖어 이렇게 부르짖었다(욥 3 : 20).

"…나의 하나님, 나의 하나님, 어찌하여 나를 버리셨나이까" 십자가에 달려 죽어 가는 하나님의 아들이 큰소리로 외치신 의문이다(마

27 : 46).

"왜" 라는 거미줄에 걸려 허우적대는 일은 불가피한 인간의 경험이다. 인생을 살면서 깨어진 부분들을 수리하기 위해 지혜와 용기를 달라고 기도할 수 있다. 각자가 지나고 있는 폭풍우 속 한가운데서 균형을 찾게끔 도와 줄 좋은 충고자들을 만날 수도 있다. 안락과 힘을 얻기 위해 서로에게 의지할 수도 있다.

그러나 궁극적으로 그리스도 안에서 성숙해 가면서 우리의 많은 질문에 대답해 주시는 그분의 답을 경험해 갈수록, 우리는 가장 근본적인 것을 배우게 된다. 오직 주께만 속한 비밀들이 있다는 사실이다.

그 "대답 없는" 힘든 시기를 극복해 나갈 수 있는 은혜를 얻기 위해 그분을 신뢰하는 법을 배워야 하는 것이다.

좋은 소식이 있다고 하면 그것은 우리가 살아가는 실제 세상이 승리 아니면 패배뿐인 쇼 오락프로는 아니라는 사실이다. 몇몇 "정답"을 말하지 못 하더라도 결국 우리는 상급을 받게 되는 것이다!

결코 우리를 버리지 않으시는 하나님의 확고부동한 사랑 때문에, 설사 각자 지고 가는 십자가가 너무나 고통스러울지라도 결국은 모든 것이 잘 해결되는 것이다.

개인적으로 경험해 본 바 이것이 사실임을 나는 알고 있다. 백만 달러가 걸린 질문에 나는 이미 해답을 알고 있기에, 난 내가 안전할 것임을 알고 있다!

나는 이런 찬송 가사를 좋아한다. "응답이 충분치 않을 때, 주님이 계시다."

그게 네 마지막 대답이냐, 바바라?

여호와여 열납(悅納)하시는 때에 나는 주께 기도하오니 하나님이여 많은 인자와 구원의 진리로 내게 응답하소서(시 69 : 13)

그렇다, 그게 바로 나의 마지막 대답이다.

하나님께서는 당신을 믿으신다.

그러므로 당신이 처한 상황에서도 소망은 끊어질 수 없다!

하나님께서는 당신과 동행하신다.

그러므로 당신은 결코 외롭지 않다!

하나님께서는 당신 편이시다.

그러므로 당신은 결코 지지 않는다!

WOMEN of FAITH

 **끝맺는 말**

당신은 사랑 받기 위해 태어난 사람입니다!

~ 실라 월쉬

우리 여섯 명은 매년 전국을 돌아다니며 모임을 개최하면서 수천 명의 여성들을 만나는 데 무한한 기쁨을 느끼고 있다. 그들의 다양한 이야기와 많은 얼굴들은 오랫동안 우리 기억 속을 채운다. 가장 가슴 아픈 환경 아래서조차 드러나는 하나님의 신실하심에 우리는 놀라면서 울고 웃는다.

우리가 믿음의여성협회 사역을 하며 스쳐 지나가는 수많은 지체들의 삶 속에서 활동하시는 하나님의 사랑을 볼 수 있는 특권을 누리면서 우리 여섯 명은 모두 깊이 변화되었다. 함께 모여 이 글들을 쓰며 나누는 기도가 있었다. 여러분이 사랑 받기 위해 태어난 사람임을 알게 해 달라고.

만유의 하나님께서는 여러분을 창조하시고, 여러분 각자의 이름을 부르시는 그 하나님께서 여러분을 끝없이, 두려움 없이, 확고부동하게, 아낌없이, 경이롭게, 그리고 의도적으로 사랑하고 계심을 알게 해 달라고.

나는 1998년 "믿음의여성협회" 모임의 말미에 만난 한 여인을 결코 잊지 못하겠다. 그녀는 여든 살 가량 되어 보였다. 처음에 그녀는 말을 잇지 못하고 그저 내 손을 잡고 눈물을 흘렸다. 그분을 보니 할머니 생각이 나서 두 팔로 그녀를 안고 잠시 동안 그대로 있었다. 얼마

후 그 노인은 겨우 울음을 그치고 이런 말을 했다.

"난 평생동안 교회를 다녔지요. 그런데 하나님께서 날 사랑하신다는 사실을 정말로 이해하게 된 건 이번이 처음이라오. 우리 모두가 아니라 … 나를. 하나님께서는 정말로 나를 사랑하시는 거군요!"

그날 밤 이후로 나는 그 여인에 대해서 많은 생각을 했다. 만약 어린아이였을 때 자신이 하나님의 깊은 사랑을 받기 위해 태어난 사람임을 이해했더라면 그건 그녀의 삶에 어떤 영향을 미쳤을 것인가? 하나님께서 우리를 얼마나 열광적으로 사랑하시는지 우리가 제대로 이해할 수 있다면 그건 우리 삶에 어떤 영향을 미칠 것인가?

우리는 그리스도의 본성에 대해 너무나 소소한 것들만 알고 있는 것 같다. 마침내 "집"에 도착했을 때, 이 세상에서 감히 이해한다고 토닥거렸던 지식들이 얼마나 짧은 것이었나 생각하며 우린 정말로 놀라게 될 것이다.

그리스도의 가장 사랑 받는 제자였던 요한을 생각해 보라. 그는 아마 예수님께서 세상에 계실 때 가장 가까웠던 친구였을 것이다. 제자가 되었을 때의 나이는 열 여덟 정도였으며 예수님께서 십자가에 달리실 때 그 십자가 발치에 머물렀던 유일한 제자이기도 했다. 그리스도께서 부활하셨을 때 두 번째로 무덤에 도착한 사람이었다. 그는 모든 것을 보았다.

그러나 요한의 나머지 생애에 대해 성경이 기록하고 있는 바에 따르면, 수많은 세월이 지난 후 우리는 그를 에게해의 앨커트래즈(연방 교도소가 있었던 샌프란시스코 만의 작은 섬 - 역자)라고 할, 로마의 유형 식민지였던 밧모섬에서 발견할 수 있다. 그는 그때 75세에서 80세 정도 되어 있었다.

그는 생의 마지막에, 사역의 마지막에 여정의 끝에 다다라 있었다.

하지만 하나님께선 이 노인을 택하셔서, 오늘날 우리가 "계시록"이라고 알고 있는 곧 오실 그리스도의 왕국에 대한 영광스런 비전을 보게 하신 것이다.

난 예전에 이런 생각을 많이 했었다. 만약 2천년 전에 예수님과 함께 할 수 있었다면, 내 두 눈으로 죽은 사람이 일어나는 것을 보고 기적을 경험할 수 있었다면 내 삶은 달라졌을 거라고. 하지만 이젠 그렇게 생각하지 않는다. 요한도 그리스도를 다른 여느 인간과 마찬가지로 알고 있을 뿐이었다. 그러나 부활하신 영광의 주님을 환상 속에서 보았을 때, 그는 이렇게 적었다.

내가 볼 때에 그 발 앞에 엎드러져 죽은 자같이 되매 그가 오른손을 내게 얹고 가라사대 두려워 말라 나는 처음이요 나중이니 곧 산 자라 내가 전에 죽었었노라 볼지어다 이제 세세토록 살아 있어 사망과 음부의 열쇠를 가졌노니(계 1 : 17-18)

친구들이여, 우리는 하나님의 사랑과 위엄의 넓이와 길이, 높이와 깊이를 재는 일을 시작조차 하지 않았다. 그분은 알파와 오메가요, 시작과 끝이시다. 당신의 삶을 지배하는 것은 환경이 아니라 하나님이시다. 하나님께서는 그분의 끝없는 사랑 가운데 당신을 영원한 "집"으로, 영광스런 "전"으로 안전하게 데려가실 것이다.

그러므로 우리는 사랑과 감사의 기도로 여러분을 감싸면서 이 불변의 진리를 남기고 책을 접고자 한다 : 당신은 사랑 받기 위해 태어난 사람입니다! 당신은 사랑 받기 위해 태어난 사람입니다!

당신은 사랑 받기 위해 태어난 사람입니다!

우리의 잠자는 영성을 깨운다!

Gordon MacDonald

I. 영적인 열정을 회복하라   고든 맥도날드 지음/박가영 옮김/값 7,500원

"영적 부흥은 세계를 움직인다" 이 시대는 영적인 부흥이 절실한 때다. 하나님을 향한 열정의 감격을 되살리고 이 땅에 부흥의 역사를 세워 나가는데 본서는 튼튼한 기초를 제공할 것이다.

2. 좋은 아빠가 되기   고든 맥도날드 지음/정규운, 김원영 옮김/값 8,500원

"좋은 아빠는 가르치지 않는다" 가정과의 조화됨이 없는 목회와 사역은 더 이상 존립의 근거가 될 수 없다. 본서는 가정에서 영향력 있는 리더로서의 아버지가 되고 그것을 위한 6가지 원칙을 제시하고 있다.

3. 영혼이 성장하는 리더   고든 맥도날드 지음/박가영 옮김/값 4,500원

"머리만 큰 리더는 가라!" 리더의 성장은 사역이 늘어나는 것이 아니라 영혼의 성장에 달려 있다. 본서에서 영혼의 질에 비견할 만큼 능력 있고 잠재적인 아름다움을 지닌 것은 아무것도 없다.

4. 현실 세계, 믿음, 진정한 그리스도인   고든 맥도날드 지음/박가영 옮김/값 9,800원

"내면 세계의 믿음을 현실 세계로!" 내면에만 있는 믿음으로는 현실 세계를 변화시킬 수 없다. 참된 부흥과 신실한 제자 그리고 진정한 그리스도의 삶은 언제나 세상의 중심에 있어야 한다.

5. 무너진 세계를 재건하라   고든 맥도날드 지음/박가영 옮김/값 8,400원

"빛으로 어두움을 몰아내자!" 절망과 좌절로 인해 넘어진 현대인들에게 성경은 그 누구도 예외가 없는 소중한 회복과 소생을 약속한다. 본서는 이러한 성경이 주는 소망과 심령 회복의 방법을 통찰력 있게 제시하고 있다.

열매로 그 사람을 압니다!

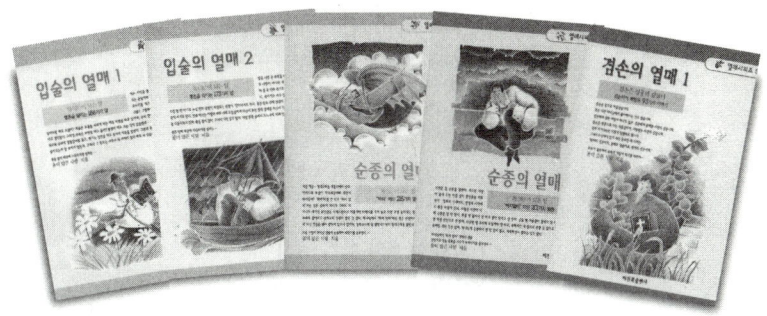

꿈이 많은 사람

입술의 열매 1,2 꿈이 많은 사람 지음/각권 값 6,500원

"우리의 입술로 아름다운 세상을 만들자!" 지치고 방황하는 모든 사람에게 따뜻한 말, 위로의 말, 사랑의 말이 필요하다. 그들에게 힘과 용기를 주고 비전을 품을 수 있는 긍정적인 말을 들려주자! 이 시대의 절망이 사라지고 희망을 부르는 격려와 희망의 말을 건네자!

순종의 열매 1,2 꿈이 많은 사람 지음/각권 값 7,000원

"진정으로 하나님께 복받기를 원하십니까?" 순종이 제사보다 낫다는 사무엘의 명언을 기억하는가? 많은 헌금, 빠짐없는 예배 참석, 여러 가지 교회 사역들… 보이는 것만으로 당신이 하나님의 사람이라고 말하지 말라! 하나님은 작은 것부터 순종하는 자에게 하나님의 나라를 허락하셨다.

겸손의 열매 1 꿈이 많은 사람 지음/값 6,000원(2권 근간)

"가장 낮은 자의 모습을 아십니까?" 동서고금을 막론하고 "겸손"은 사람들에게 최고의 덕목이었다. 지금까지 실패한 사람들의 공통점은 겸손하지 않았다는 것이다. 예수님은 겸손하시므로 언제나 최고의 것들을 드러내셨다. 진정 성공하길 원한다면, 예수님을 닮기 원한다면 겸손의 열매를 맺으라!

열매가 없으면 수확의 기쁨도 없다!

소중한 사람들에게 줄 선물 때문에 고민하고 계신가요?
그들이 삶 속에서 풍성한 열매를 맺을 수 있도록
씨앗을 선물해 보는 건 어떨런지요! 좋은 선물이 될 것입니다.

입술의 열매(선물용 케이스)/값 12,000원
순종의 열매(선물용 케이스)/값 13,000원

예배와 삶의 일치

복음에는 하나님의 의가 나타나서
믿음으로 믿음에 이르게 하나니; 기록된바,
"오직 의인은 믿음으로 말미암아 살리라" 함과 같으니라.

로마서 1 : 17

비전북은 줄과 추 와 하늘사다리 가 연합하여 설립한 출판사로서
오직 믿음으로만 살았던 개혁 신앙을 계승 발전시키고
다시 오실 주님의 길을 예비하는 마음으로 21세기에도 역동적인 신앙을 세우는데
꿈과 비전을 품고 예배와 삶의 일치를 이루는 출판 공동체입니다.

끝없는 사랑 경험하기

저자 : 팻시 클레몬트 외 5인 / 역자 : 박가영
발행처 : 비전북출판사
전화 : (02)3141-9090 / 팩스 : (02)3144-6620
공급처 : 비전북
전화 : (031)907-3927 / 팩스 : (080)403-1004

값 6,000원